DEUTSCH
für junge Leute

Band 1

GW00514789

VERLAG FÜR DEUTSCH

Deutsch für junge Leute
Band 1

von Roland Schäpers

Übersicht

1. Lehrbuch – einsprachig

2. Wörterverzeichnis mit grammatischen Erläuterungen – zweisprachig
   Brasilianisch, Dänisch, Englisch, Französisch, Griechisch, Italienisch, Niederländisch, Norwegisch, Polnisch, Serbokroatisch, Spanisch, Türkisch, Vietnamesisch

3. Aufgabenbuch

4. Cassette mit den Texten des Lehrbuchs

5. Lehrerhandbuch

6. Transparente für den Tageslichtprojektor

Bildnachweis: Ansichtskarten-Verlag Mielck, Kiel (Freig. Nr. SH 369-110 u. SH 369-509); Bayerische Motoren Werke; Beethovenhaus Bonn (Sammlung Bodmer); Beyerlein, Würzburg; Cycles Peugeot; Deutsche Bundesbahn; Deutsche Lufthansa; Deutsches Museum, München; Flughafen München GmbH; Fremdenverkehrsämter und -verbände: Bad Scuol; Essen; Goslar; Hamburg; Lüneburger Heide; München; Gräfe und Unzer, München; Huber, Garmisch; Internationale Stiftung Mozarteum, Salzburg; Luftbildverlag Hans Bertram, München (Freig. Reg. v. Obb. G 4/30.907); MM-Verlag, Salzburg; Verlag für Deutsch, München; ZEFA, Düsseldorf (H. Buchner)

ISBN 3–88532–200–5

5.	4.	3.	2.	Druck	Letzte Zahlen
1987	86	85	84	83	gelten

© 1981 VERLAG FÜR DEUTSCH · Schillerstr. 5, D-8000 München 2
Umschlaggestaltung: Karlheinz Groß
Illustrationen: Karlheinz Groß und Herbert Horn
Layout: Dieter Rauschmayer
Reproduktion, Druck und Bindung: Richterdruck, Würzburg
Printed in the Federal Republic of Germany

INHALT

1.

K: Hallo, ich bin der Klaus.
   Und du?
M: Ich heiße Martin.
T: Und ich bin der Thomas.
K: Wo kommst du her,
   Thomas?
T: Aus Essen. Und du?
K: Aus Hamburg.
M: Und ich komme aus München.
K: Na prima. Das ist ja die ganze Bundesrepublik.

2.

G: Ist das hier
   die Gruppe 1 A?
T: Ja.
G: Ich heiße Gisela.
   Und wie heißt du?
K: Klaus. – Das ist der
   Martin, und das ist
   der Thomas.
T: Wo kommst du her,
   Gisela?
G: Aus Frankfurt.
M: Willst du auch
   segeln lernen?
G: Na klar!

1. Wie heißt du?
Ich heiße … .

2. Wo kommst du her?
Ich komme aus … . (Helsinki, Rom, Paris …)

3. Kommst du aus … ?
Ja, ich komme aus … .
Nein, ich komme aus … .

4. Wo kommt Klaus her? Aus Hamburg?
Ja, er kommt aus Hamburg.

5. Wo kommt Martin her? Aus Frankfurt?
Nein, er kommt aus München.

6. Wo kommt Thomas her? Aus Hamburg?
Nein, er kommt aus Essen.

7. Wo kommt Gisela her, aus Frankfurt?
Ja, sie kommt aus Frankfurt.

8. Wie heißt das Land?
Das Land heißt Finnland. (Norwegen, Italien, …)

9. Ist das hier Oslo?
Ja, das ist Oslo.
Nein, das ist … .

10. Ist das hier Frankreich?
Ja, das ist Frankreich.
Nein, das ist … .

Albanien – Belgien – Bulgarien — Dänemark – Deutschland (die Bundesrepublik Deutschland; die Deutsche Demokratische Republik) – Finnland – Frankreich – Griechenland – Großbritannien – Holland (Niederlande) – Irland – Italien – Jugoslawien – Luxemburg – Norwegen – Österreich – Polen – Portugal – Rumänien – Schweden – die Schweiz – Spanien – die Tschechoslowakei – die Türkei – Ungarn

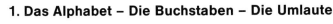
1. Das Alphabet – Die Buchstaben – Die Umlaute

A a	B b	C c	D d	E e	F f	G g	H h	I i	J j
A a	*B b*	*C c*	*D d*	*E e*	*F f*	*G g*	*H h*	*I i*	*J j*
K k	L l	M m	N n	O o	P p	Q q	R r	S s	T t
K k	*L l*	*M m*	*N n*	*O o*	*P p*	*Q q*	*R r*	*S s*	*T t*
U u	V v	W w	X x	Y y	Z z	Ä ä	Ö ö	Ü ü	ß
U u	*V v*	*W w*	*X x*	*Y y*	*Z z*	*Ä ä*	*Ö ö*	*Ü ü*	*ß*

2. Das ist ein Sportwagen.

Wo kommt der Wagen her?
Er kommt aus Stuttgart.
(S heißt Stuttgart.)

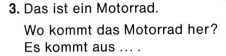

3. Das ist ein Motorrad.

Wo kommt das Motorrad her?
Es kommt aus … .

4. Das ist eine Stadt.

Wie heißt die Stadt?
Sie heißt … .

5. Wie heißen die Buchstaben? Wo kommt der Wagen her?

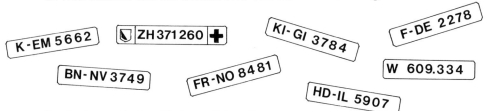

K-EM 5662   ZH 371 260   KI-GI 3784   F-DE 2278

BN-NV 3749   FR-NO 8481   W 609.334   HD-IL 5907

6. Wo kommt das Motorrad her?

WÜ	H	SB	D	N
IH·5607	LG·9732	EF·1621	AI 2378	SL·7234

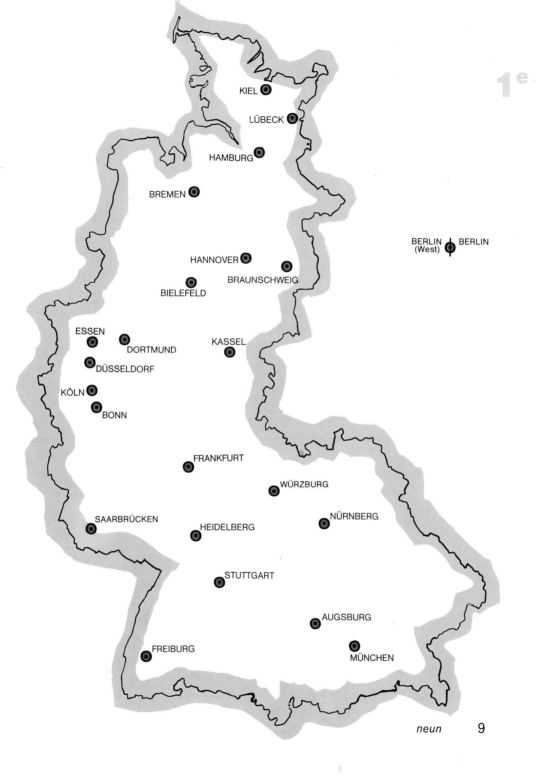

KIEL

LÜBECK

HAMBURG

BREMEN

BERLIN
(West)   BERLIN

HANNOVER

BRAUNSCHWEIG

BIELEFELD

ESSEN

DORTMUND

KASSEL

DÜSSELDORF

KÖLN

BONN

FRANKFURT

WÜRZBURG

SAARBRÜCKEN

NÜRNBERG

HEIDELBERG

STUTTGART

AUGSBURG

FREIBURG

MÜNCHEN

neun   9

Segelschule

NEPTUN

UHRZEIT	STUNDENPLAN	GRUPPE	RAUM	SEGELLEHRER
9-10 10-11 11-12	Praktischer Unterricht			
12-13 13-14	Mittagspause			
14-15 15-16 16-17	Praktischer Unterricht			
17-18 18-19	Abendessen	1A	2	Hansen
19-20 20-21	Theoretischer Unterricht	1B	3	Meyer
		2A	4	Schmidt
		2B	5	Müller

Morgen geht's los !

HH: Seid ihr die Gruppe 1 A?

M: Ja, das sind wir.

HH: Gut. Mein Name ist Hansen. Ich bin der Segellehrer.

G: Guten Tag, Herr Hansen.

HH: So, wie viele seid ihr, vier? Drei Jungen und ein Mädchen? –
    Wo ist Klaus?

K: Hier.

HH: Und wer ist Martin?

M: Das bin ich.

HH: Dann bist du die Gisela, und du heißt Thomas.

T: Richtig. – Wann geht's morgen los?

HH: Um neun. Kommt gleich zum Hafen. Unser Boot heißt „Seeteufel".
    Bis morgen!

G: Auf Wiedersehen, Herr Hansen.

K: Bis morgen.

T: Tschüß!

die Zahl – die Zahlen

1.

0 null	10 zehn	20 **zwanzig**	30 dreißig
1 eins	11 **elf**	21 **ein**undzwanzig	31 einunddreißig
2 zwei	12 **zwölf**	22 zweiundzwanzig	32 zweiunddreißig
3 drei	13 dreizehn	23 dreiundzwanzig	33 dreiunddreißig
4 vier	14 vierzehn	24 vierundzwanzig	34 vierunddreißig
5 fünf	15 fünfzehn	25 fünfundzwanzig	35 fünfunddreißig
6 sechs	16 **sech**zehn	26 sechsundzwanzig	36 sechsunddreißig
7 sieben	17 **sieb**zehn	27 siebenundzwanzig	37 siebenunddreißig
8 acht	18 achtzehn	28 achtundzwanzig	38 achtunddreißig
9 neun	19 neunzehn	29 neunundzwanzig	39 neununddreißig

2.

40 vierzig	400 vierhundert	4000 viertausend
50 fünfzig	500 fünfhundert	5000
60 **sech**zig	600 sechshundert	6000
70 **sieb**zig	700 siebenhundert	7000
80 achtzig	800 achthundert	8000
90 neunzig	900 neunhundert	9000
100 hundert	1000 tausend	10000 zehntausend
200 zweihundert	2000 zweitausend	11000
300 dreihundert	3000 dreitausend	12000

3.

1000000 eine Million

2000000 zwei Millionen

....

Wie viele Einwohner hat das Land?
Norwegen hat 4 Millionen Einwohner.
Finnland hat ... .
... hat ... .

3 Millionen	14	56
4	16	61
5	34	
6	36	
7	53	
8		
10		

2ᶜ

HELSINKI

OSLO   STOCKHOLM

KOPENHAGEN

DUBLIN

BERLIN   WARSCHAU

LONDON   AMSTERDAM

BRÜSSEL   BONN

PRAG

PARIS

WIEN

BERN   BUDAPEST

BELGRAD

MADRID

ROM

LISSABON   TIRANA

2d Wo wohnst du?

1. Wie heißt die Stadt?
Die Stadt heißt … .
Ich wohne in … .

2. Wie heißt die Straße?
Die Straße heißt … .

3. Wie ist die Hausnummer?
Die Hausnummer ist … .

4. Wie ist die Postleitzahl?
Die Postleitzahl ist … .

5. Wie ist die Telefonnummer?
Die Telefonnummer ist … .

6. Wo wohnt Klaus?
Er wohnt in …

7. Wo wohnt Thomas?

8. Wo wohnt Martin?

9. Wo wohnt Gisela?
Sie wohnt in … .

Wie alt bist du ?

1. Das ist Klaus Jensen. Er ist aus Hamburg.
   Er ist fünfzehn Jahre alt.

2. Das ist Martin Weber. Er kommt aus München.
   Er ist 18 … … .

3. Das ist Gisela Meyer. Sie kommt aus Frankfurt.
   Sie ist auch 15 … … .

4. Das ist Thomas Braun. Er kommt aus Essen.
   … … 16 … … .

5. Und wie alt bist du?
   Ich bin … … … .

6. Das ist die Familie Meyer aus Frankfurt.

Herr Meyer ist … … … . Frau Meyer ist … … … .

Andy ist … … … . Gisela ist … … … .

Und das ist Bello.   Er ist … … … .

(4, 15, 42, 41, 21)

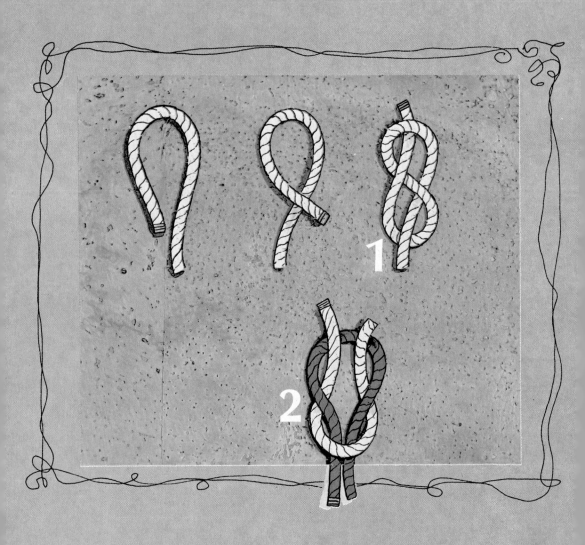

1   So macht man einen Achtknoten.

2   So macht man einen Kreuzknoten.

Im Unterricht

Gisela, Klaus, Martin und Thomas
müssen viel lernen. Vormittags von
neun bis zwölf und nachmittags von
zwei bis fünf segeln sie,
und abends haben sie Unterricht.
Heute üben sie Knoten.

HH: Was ist das hier, Martin?
M: Das ist ein … Ja, wie heißt der noch?
Das ist ein … Ich weiß es nicht.
HH: Wie heißt der Knoten? Wer weiß es?
Gisela?
G: Das ist ein Achtknoten.
HH: Richtig. – Klaus, wie macht man
denn einen Achtknoten?
K: Das ist ganz einfach. Also …

Aber Klaus weiß es nicht. Alle lachen.

HH: Hier, so macht man das!

3ᵇ   **Weißt du, was das bedeutet?**

1. Wie heißen die Buchstaben, und was bedeuten sie?
Sie heißen ..., und sie bedeuten ... .

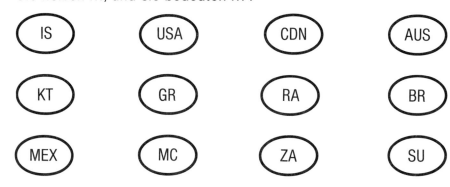

2. Das ist ein Piktogramm.
Was bedeutet es?
Es bedeutet ... .

(1. Fußball   2. Tennis   3. Skifahren   4. Golf   5. Schwimmen)

3. Das ist ein Schild. Weißt du, was es bedeutet?
Ja, das weiß ich.
Nein, das weiß ich nicht.

(1. Autostraße   2. fünfzig Kilometer   3. Parkplatz)

Wie weit ist es von Amsterdam nach Rom?

(Weißt du, wie weit es von Amsterdam nach Rom ist?)
Von Amsterdam nach Rom sind es … Kilometer.

nach ↓ \ von →	Amsterdam	Berlin	Brüssel	Frankfurt	Kopenhagen	Madrid	Paris	Rom	Wien	Zürich
Amsterdam	●	666	221	444	781	1771	521	1670	1146	797
Berlin	666	●	771	540	397	2321	1071	1482	659	796
Brüssel	221	771	●	409	938	1550	300	1510	1111	637
Frankfurt	444	540	409	●	791	1770	565	1277	702	404
Kopenhagen	781	397	938	791	●	2464	1213	1987	991	1206
Madrid	1771	2321	1550	1770	2464	●	1250	1933	2317	1577
Paris	521	1071	300	565	1213	1250	●	1372	1175	569
Rom	1670	1482	1510	1277	1987	1933	1372	●	1136	882
Wien	1146	659	1111	702	991	2317	1175	1136	●	733
Zürich	797	796	637	404	1206	1577	569	882	733	●

Zeit	Montag	Dienstag	Mittwoch	Donnerstag	Freitag	Samstag
8^{10}-8^{55}	DEUTSCH	ENGLISCH	ERDKUNDE	ENGLISCH	MATHE	
9-9^{45}	BIOLOGIE	BIOLOGIE	MATHE	MATHE	PHYSIK	
10-10^{45}	CHEMIE	PHYSIK	CHEMIE	CHEMIE	DEUTSCH	
10^{50}-11^{35}	MATHE	LATEIN	MUSIK	SPORT	ENGLISCH	
11^{45}-12^{30}	GESCHICHTE	DEUTSCH	RELIGION	SOZIAL-KUNDE	LATEIN	
12^{35}-1^{10}	KUNST	SPORT	LATEIN	GESCHICHTE	RELIGION	

Das ist ein Stundenplan. Was haben die Jungen und Mädchen

a) am Montag von acht bis neun?
   Am Montag von acht bis neun (= Montags von acht bis neun)
   haben sie ... .
b) am Dienstag von neun bis zehn?
c) am Mittwoch von zehn bis elf?
d) am Donnerstag von elf bis zwölf?
e) am Freitag von zwölf bis eins?

Und was haben sie am Samstag? Nichts! Samstags haben sie frei.

Das ist ein Flugzeug. Es heißt „Concorde". Wie macht man das?
Das ist ganz einfach!

Morgen haben wir frei

HH: Morgen ist Samstag. Morgen haben wir frei.
K: Prima. Und was machen wir?
G: Vielleicht einen Ausflug?
T: Gut. Aber wohin?
HH: Wir können nach Dänemark fahren. Es gibt eine
Fähre von Kiel nach Bagenkop. Das ist ein Hafen
auf Langeland.
M: Und was ist Langeland?
G: Eine Insel, natürlich!
HH: Stimmt. Die Fähre geht um neun Uhr, und die Fahrt
dauert nur drei Stunden. Am Abend fahren wir wieder
zurück.
M: Kann man da baden?
HH: Natürlich. – Habt ihr Personalausweise?
G: Ich habe einen.
K: Ich nicht.
G: Schade. Dann kannst du nicht mitfahren.
K: Doch.
G: Wieso? Hast du einen Reisepaß?
K: Klar!
HH: Also, abgemacht. Morgen um neun Uhr geht die Fähre.

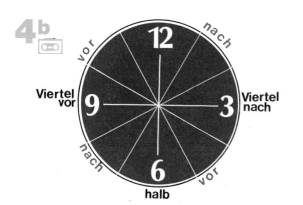

Wie spät ist es ?

Die Uhrzeit

eine Minute

15 Minuten = eine Viertelstunde

30 Minuten = eine halbe Stunde

60 Minuten = eine Stunde

Es ist acht Uhr. (morgens – abends)

… Uhr 5
5 nach …

… Uhr 10
10 nach …

… Uhr 15
Viertel nach …

… Uhr 20
20 nach …

… Uhr 25
5 vor halb …

… Uhr 30
halb … (!)

… Uhr 35
5 nach halb …

… Uhr 40
20 vor …

… Uhr 45
Viertel vor …

… Uhr 50
zehn vor …

… Uhr 55
5 vor …

… Uhr

1. Wann geht die Fähre von ... nach ... ?
Sie geht um ... Uhr ... .

Wann ist sie in ... ?
Sie ist um ... in ... .

Abfahrt	Ankunft	Abfahrt	Ankunft
Neapel 10.00	Palermo 20.00	Oostende 8.30	Folkestone 12.30
Marseille 21.00	Bastia 9.00	Kopenhagen 17.00	Oslo 8.45
Cherbourg 7.15	Portsmouth 12.15	Travemünde 19.00	Helsinki 17.30
Calais 10.10	Dover 10.40	Kiel 13.00	Oslo 8.00
Dünkirchen 9.45	Dover 13.30	Stockholm 18.00	Helsinki 8.30

2. Wann geht das Flugzeug von ... nach ... ?
Es geht um ... .

Wann ist es in ... ?
Es ist um ... in ... .

von Frankfurt

nach	Amsterdam	10.45 – 11.55	nach	Madrid	12.55 – 15.20
	Athen	9.20 – 13.10		Marseille	10.05 – 12.50
	Barcelona	13.25 – 15.25		Rom	20.40 – 22.30
	Belgrad	13.05 – 16.10		Stockholm	19.50 – 21.50
	Dublin	9.50 – 11.00		Warschau	10.25 – 12.10
	Kopenhagen	12.35 – 13.55		Wien	21.05 – 22.25
	Lissabon	16.20 – 18.20		Zagreb	16.20 – 17.50
	London	8.35 – 9.10		Zürich	12.50 – 13.45

Wie spät ist es jetzt in ... ?

In Mitteleuropa ist es jetzt zwölf Uhr (mittags).
Wie spät ist es in ...
Tokio? Mexiko? Santiago? San Francisco? New York? Chicago?

Mitteleuropa:
vormittags

nachmittags

New York
–6 Std.

Chicago
–7 Std.

Helsinki
+1 Std.

Moskau
+2 Std

S. Francisco
–9 Std.

Tokio
+8 Std.

Mexiko
–7 Std.

Manila
+7 Std.

Santiago
–5 Std.

Sydney
+9 Std.

1. Wie lange dauert der Flug von Frankfurt nach ... ?
Der Flug dauert ... Stunden.

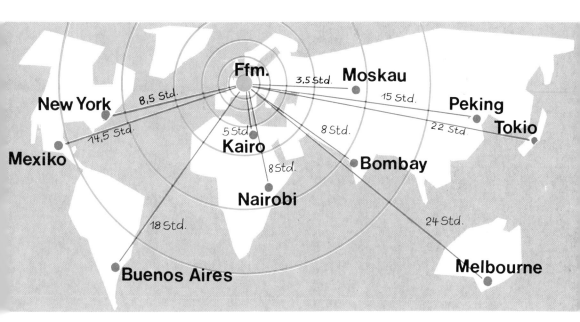

2. Wie lange fährt die Fähre von ... nach ... ?
Die Fahrt dauert ... Stunden.

ab Barcelona	9.00	ab Bari	12.15	ab Hoek van Holland	11.15
an Palma	16.00	an Dubrovnik	18.15	an Harwich	17.00

ab Palma	22.00	ab Pescara	10.00	ab Oostende	1.30
an Valencia	9.00	an Split	18.30	an Dover	5.20

ab Valencia	10.30	ab Palermo	7.00	ab Calais	21.15
an Barcelona	18.30	an Tunis	17.00	an Dover	23.00

Holland

Dänemark

England

Polen

Italien

Finnland

Frankreich

Norwegen

Belgien

Spanien

Schweden

Portugal

Woher kommt das Schiff?

Ist das die Flagge von … ?

Auf der Ostsee

G: Dahinten kommt ein Segelschiff!

HH: Ja, das ist die Gorch Fock.

K: Das ist ein Schulschiff, nicht? Ganz schön groß!

HH: Ja, die Gorch Fock ist neunzig Meter lang, zwölf Meter breit, und die Masten sind fünfundvierzig Meter hoch. Sie hat dreihundert Mann an Bord.

T: Und wie schnell ist sie?

HH: Vierzehn Knoten. Weißt du, wieviel das ist?

T: Klar. Ein Knoten ist eine Seemeile in der Stunde, und eine Seemeile sind fast zwei Kilometer.

HH: Stimmt. Eins Komma acht fünf Kilometer genau.

M: Dann fährt die Gorch Fock ungefähr sechsundzwanzig Kilometer in der Stunde!

HH: Ja. Sie macht vierzehn Knoten, sagen die Seeleute.

G: Woher kommt das Motorschiff dahinten?

T: Aus England!

M: Falsch! Aus Norwegen.

G: Aber es hat doch eine deutsche Flagge.

HH: Richtig, aber die ist rechts im Mast, an Steuerbord. Die norwegische Flagge ist hinten.

5b **1.** Wie lang ist …… ?
(Weißt du, wie lang …… ist?)

a) der Rhein
b) der Oslofjord
c) die Tour de France
d) die Golden Gate Bridge
e) das Segelschiff „Gorch Fock"

Der/die/das ist … lang.
(Ja, ich weiß, wie lang …… ist.)

90 m; 100 km; 1320 km; 4000 km; 1280 m)

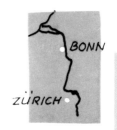
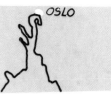

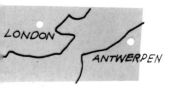

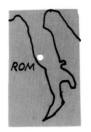

2. Wie breit ist …… ?
(Weißt du, wie breit …… ist?)

a) der Ärmelkanal
b) die Straße von Gibraltar
c) Italien

(ungefähr 140 km; 35 km; 14 km)

3. Wie hoch ist …… ?

a) der Eiffelturm
b) der Kölner Dom
c) die Peterskirche
d) das Matterhorn

(300 m; 137 m; 4478 m; 157 m)

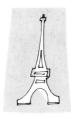
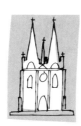

1. Wie schnell geht (fährt, fliegt) ... ... ?
(Weißt du, wie schnell ... ... ?)

a) ein Fußgänger
b) ein Radfahrer
c) ein Schiff
d) ein Auto
e) ein Rennwagen
f) ein Düsenflugzeug

km/h = Kilometer in der Stunde

(6 km/h; 400 km/h; 20 Knoten;
1000 km/h; 15 km/h; 160 km/h)

2. einen – keinen

a) Habt ihr einen Wagen? Ja, wir haben einen.
 Nein, wir haben keinen.
b) Hast du einen Personalausweis?
c) Hast du einen Reisepaß?
d) Habt ihr einen Deutschlehrer?

3. eine – keine

a) Hast du eine Uhr?
b) Habt ihr eine Deutschlehrerin?
c) Gibt es hier eine Fähre?

4. ein – eins – keins

a) Habt ihr ein Telefon?
b) Hast du ein Fahrrad?
c) Habt ihr ein Boot?

1. die Farbe — die Farben

Der Mast ist schwarz.

Das Segel ist weiß.

Die Sonne ist rot.

Das Boot ist gelb.

Das Wasser ist grün
(oder blau).

2.

Die Flagge ist

schwarz –

rot –

gold.

3. Auf Seite 28 sind die Flaggen von zwölf Ländern.
Wie ist die Flagge von … ?
Sie ist … – … – … .

4. Die Flagge ist … . Wie heißt das Land?

5. Weißt du, wie die Flagge von … ist?
Natürlich weiß ich das. Sie ist … … … .

Ich habe Hunger

Am Abend ist die Gruppe wieder in Kiel.

„Ich habe Hunger", sagt Klaus.
„Ich auch", sagt Gisela. „Gibt es hier was zu essen?"
„Dahinten ist ein Kiosk", sagt Martin.
„Ich möchte einen Hamburger."
„Und ich eine Bratwurst."
„Und ich möchte ein Fischbrötchen."

Martin sagt nichts.

„Hast du keinen Hunger?" fragt Gisela.
„Nein danke", sagt Martin. „Ich bin noch seekrank."

DEUTSCHER SEGLER - VERBAND

Fachverband für den Segelsport

Mitglied des Deutschen Sportbundes

Landesvertretung in der International Yacht Racing Union

FÜHRERSCHEIN
für
YACHTEN

Gisela M e y e

Frankfurt

Frühlingst

Binnenfahrt (A)

Nr. 199741

erteilt.

Der Inhaber ist berechtigt zur Führung von Segelyachten im an-
gegebenen Fahrtbereich nach der Führerscheinvorschrift und den
Durchführungsvorschriften des Deutschen Segler-Verbandes (DSV).
Der Führerschein gilt auch für Segelyachten mit Hilfsmotor.

Alle Behörden, Dienststellen und Vertreter sonstiger öffentlicher
und privater Einrichtungen werden gebeten, dem Inhaber dieses
Führerscheines bei der Ausübung seines Sports Unterstützung
und Hilfe zu gewähren.

The holder of this certificate is authorized to command a sailing yacht („with
or without auxiliary engine") in the above mentioned area in accordance with
the regulations of the GERMAN YACHTING FEDERATION (DSV).
authorites and other official or private personnel are kindly
assist the holder if necessary at any occasion.

Le détenteur est autorisé à conduire
indiquée, correspondant aux pre
FEDERATION ALLEMANDE
également valable
service off

Der Kurs
ist zu Ende

Der Segelkurs dauert
vierzehn Tage.
Am letzten Tag ist die
Prüfung. Gisela und
Klaus lernen noch ein-
mal zusammen.

„Kennst du das Schild hier?" fragt Gisela. „Was bedeutet das?"
„Das? Parken verboten."
Gisela lacht. „Quatsch", sagt sie, „ein Schiff parkt doch nicht!"
„Ach so. Ankern verboten."

Dann kommt die Prüfung. Gisela hat ein bißchen Angst, aber die Fragen
sind sehr einfach. Herr Hansen ist zufrieden.
„Ihr wißt ja wirklich alles", sagt er.
Alle bekommen den „Führerschein A".
„Vielen Dank, Herr Hansen, und auf Wiedersehen."

„Schade", sagt Martin, „morgen müssen wir nach Hause. Wann fährst
du?"
Gisela liest den Fahrplan. „Ich nehme den Bus zum Hauptbahnhof und
dann den Zug von Kiel nach Frankfurt um neun Uhr. Und jetzt möchte
ich etwas essen und ein Cola trinken."
„Klar! Jetzt machen wir ein Fest!"

6b

1. der Bus – den Bus

Nimmst du den Bus?
Ja, den nehme ich.

Nein, den nehme ich nicht.
Der fährt nicht zum Hauptbahnhof.

2. der Zug – den Zug

Nimmst du ... Zug?
Ja, ... nehme ich.
... fährt nach Frankfurt.

3. Kennst du ... Mann?

Ja, ... kenne ich.
Das ist ... Segellehrer.

4. Kennst du ... Wagen?

Klar, ... kenne ich.
Das ist ein BMW.

5. Kennst du ... Hafen?

Nein, ... kenne ich nicht.
Ich weiß nicht, wie er heißt.

---

6. Kennst du die Insel?
Ja. Sie heißt Langeland.

7. Kennst du das Schiff?
Ja. Das ist die Gorch Fock.

1. Kennst du den … ? Wie heißt er?

2. Kennst du das … ? Was bedeutet es?

3. Kennst du die … ? Wie heißt sie?

4. … … … … ? … … … ?

Am Telefon

K: Herr Meyer ist am Telefon. Ist das dein Vater?
G: Ja, gib mal her. – Hallo, Vati, wie geht's?
HM: Gut, danke. Wann kommst du nach Hause?
G: Morgen. Ich nehme den Zug um neun, der ist um halb vier
    in Frankfurt.
HM: Nein, Gisela. Ich bin jetzt in Hamburg und komme morgen nach
    Kiel. Wir können zusammen nach Hause fahren.
G: Oh, prima! Wann bist du hier?
HM: Ungefähr um elf.
G: Gut, Vati. Bis morgen.

Kann ich mitfahren?

G: Mein Vater kommt morgen. Wir fahren zusammen nach Hause.
M: Kann ich mitfahren? Mein Onkel wohnt in Frankfurt, da kann ich
    übernachten.
K: Und ich? Kann ich bis Hamburg mitfahren?
T: Und ich? Ich kann in Hamburg den Zug nach Essen nehmen.
G: Ich weiß nicht. Unser Auto ist nicht groß. Aber bis Hamburg, das
    geht schon.

Wer sagt was?

Eine Bildgeschichte

......................................?

Wohin denn?

....

Ich fahre nicht nach Frankfurt, ich
fahre nur bis Hannover.

......................................?

Ja, das geht.

....

Zehn nach zwei.

......................................?

Ungefähr um Viertel nach drei.

......................................?

Hundertachtzig, aber ich fahre
nicht schnell. Ich fahre nur
hundertdreißig.

......................................?

Stimmt. Bis zum Hauptbahnhof in
Hannover sind es ungefähr hundertdreißig Kilometer.

Abfahrt von Kiel

G: Hier, Vati, das sind meine Freunde. Das ist Klaus, der wohnt in Hamburg. Das ist der Martin, der kommt aus München. Der möchte bis Frankfurt mitfahren. Und Thomas wohnt in Essen, der nimmt dann in Hamburg den Zug.

HM: Also bis Hamburg fahren wir zusammen. Das geht ganz gut. Habt ihr viel Gepäck?

K: Nein, nicht viel. Ich habe nur die Tasche und den Schlafsack.

T: Das hier ist mein Koffer.

HM: Der kommt nach hinten. – Und der Seesack hier?

M: Das ist meiner.

HM: Gisela, wo ist denn deine Tasche?

G: Oh. Mein Gepäck ist noch im Zimmer.

HM: Dann aber los!

K: Warte, ich komme mit! Dein Koffer ist doch bestimmt schwer!

HM: Na klar, die Gisela nimmt immer zuviel mit.

7b **1.** Ist das ein Koffer?

Quatsch, das ist ein Seesack.
Ist das deiner?
Ja, das ist meiner.

Sag mal, hast du meinen?
Tatsächlich, ich habe deinen.

2. Ist das ein Seesack?

Nein, das ist eine Tasche.
Ist das deine?
Ja, das ist meine.

Du, hast du meine Tasche?
Nee, ich hab' deine nicht.

3. Ist das dein Buch?

Klar, das ist meins.

Du, hast du mein Buch?
Deins? Nein, das habe ich nicht.

4. Das sind meine Freunde.
               Taschen.
               Bücher.

Was ist in Giselas Tasche?

Wieviel kostet das?

(1 DM = eine Mark; 1,80 DM = eine Mark achtzig;
0,40 DM = vierzig Pfennig)

Ein Buch.	Das kostet	8,— DM.
Ein Schreibblock.	Der kostet	1,80 DM.
Ein Kugelschreiber.	Der kostet	3,— DM.
Ein Bleistift.	Der kostet	0,40 DM.
Ein Radiergummi.	Der kostet	0,60 DM.
Ein Taschentuch.	Das kostet	2,— DM.
Eine Ansichtskarte.	Die kostet	0,50 DM.
Eine Sonnenbrille.	Die kostet	18,— DM.

Wieviel kostet alles zusammen?

Wie ist deine Adresse?

T: Wer hat ein Stück Papier? Mein Schreibblock ist im Koffer.
G: Hier, nimm meinen.
T: Hast du auch einen Kugelschreiber?
M: Hier, bitte sehr. Aber schreiben kannst du allein, was?
K: Du, das ist ja meiner. Woher hast du den?
M: Den habe ich im Unterrichtsraum gefunden.
T: Also, ich schreibe: Martin Weber ...
M: Gartenstraße 12, 8000 München 60.
K: Gisela Meyer ...
G: Frühlingstraße 27, 6000 Frankfurt am Main 2.
K: Thomas Braun ...
T: Düsseldorfer Straße 129, 4300 Essen 5.
 So, das könnt ihr jetzt abschreiben.
G: Deine Adresse fehlt noch, Klaus.
K: Ach ja. Klaus Jensen, 2000 Hamburg 14, Moorweg 16.
G: Schreib noch die Telefonnummern dazu.

An der Raststätte

Herr Meyer hält an.

„Ich brauche Benzin. Wollt ihr was essen? Da drüben ist eine Raststätte."

„Die ist zu teuer", sagt Gisela, „ich gehe zum Kiosk."

„Habt ihr noch Geld?"

„Nicht mehr viel", sagt Thomas.

„Hier sind zwanzig Mark. Ist das genug?"

„Natürlich. Vielen Dank. – Haben Sie keinen Hunger? Sollen wir für Sie was mitbringen?" fragt Klaus.

„Ja, ein Schinkenbrot, bitte."

In Hamburg

HM: So, jetzt sind wir gleich da. Ich fahre noch durch die Innenstadt, dann seht ihr den Michel und das Rathaus.

M: Klaus, du wohnst doch hier. Erzähl mal, was gibt's denn hier zu sehen?

HM: Bist du zum ersten Mal hier, Martin?

M: Ja. Meine Eltern fahren in den Ferien immer in den Süden, nach Italien, Jugoslawien oder Griechenland. Ich glaube, mein Vater kennt Hamburg auch nicht.

K: Also gut, was gibt's zu sehen: den Hafen natürlich, der ist riesig. Eine Hafenrundfahrt dauert über eine Stunde. Dann gibt's viele Museen, zum Beispiel das Museum für Völkerkunde. Wenn du wissen willst, wie ein Eskimo-Zelt aussieht oder ein Boot aus Indonesien, dann mußt du ins Museum für Völkerkunde gehen.

G: Das ist doch bestimmt interessant! Schade, daß wir keine Zeit haben.

HM: Vielleicht das nächste Mal. Jetzt müssen wir nach Hause.
So, hier ist der Hauptbahnhof. Alle Mann von Bord – die Ferien sind zu Ende!

8b

1. Was gibt's hier zu sehen?

Hier gibt's viel zu sehen.
Hier gibt's nichts zu sehen.

2. Gibt's hier ein Museum? (ein Rathaus)
einen Hafen? (einen Dom)

Natürlich gibt's hier ein_ ... .

3. Was gibt's hier zu essen?
Was gibt's hier zu trinken?

Hier gibt's ....

4. Wie sieht der Eiffelturm aus?

Was, du weißt nicht, wie der Eiffelturm aussieht?
Wenn du wissen willst, wie der Eiffelturm aussieht,
dann mußt du nach ... .

Big Ben

das Empire State Building

das Atomium

der Kölner Dom

das Olympiastadion

die Peterskirche

Schreibst du mal?

HM: So, hier ist das Gepäck. Klaus, dein Seesack.
M: Halt, das ist meiner.
HM: Ach so. Und der Schlafsack hier?
K: Das ist meiner.
HM: Thomas, du hast nicht mehr viel Zeit. Brauchst du eine Fahrkarte?
T: Nein, ich habe schon eine.
HM: Ja, also dann: Auf Wiedersehen!
K: Vielen Dank, Herr Meyer. – Tschüß, Gisela.
     Schreibst du mal?
G: Mache ich. – Tschüß Klaus. Tschüß Thomas!

Später im Auto sagt Herr Meyer: „Die sind ja nett, die beiden, nicht?"
„O ja", sagt Gisela, „das sind sie."
„Besonders der Klaus, nicht, Gisela?" sagt Martin und lacht.

Weiterfahrt nach Frankfurt

Von Hamburg nach Frankfurt sind es ungefähr 500 Kilometer.

„In fünf Stunden sind wir da", sagt Herr Meyer. „Ich fahre nur 130, dann braucht der Wagen nicht soviel Benzin."
„Wieviel braucht er denn?" fragt Martin.
„Hier, du kannst selbst nachsehen."
„Wenn man schnell fährt, kostet das ganz schön viel Geld", sagt Martin.
„Hier: bei 90 Stundenkilometer braucht er neun Liter, bei 120 elf, bei 140 vierzehn und bei 180 achtzehn Liter. Das ist ja Wahnsinn!"
„Ja", sagt Herr Meyer, „und weißt du, wieviel Zeit man spart, wenn man 180 statt 130 fährt? Auf 500 Kilometer gerade eine Stunde."

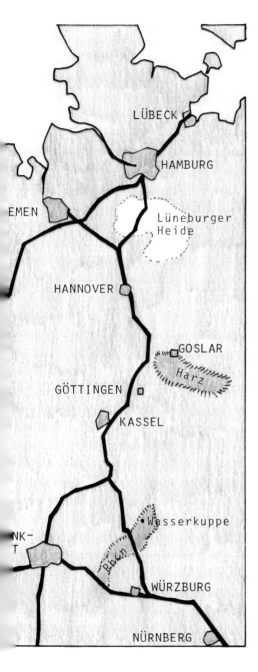

Von Hamburg nach Frankfurt sind es fünfhundert Kilometer. So sieht die Landschaft aus:

Die Lüneburger Heide

Der Harz

Der Marktplatz von Goslar

Frankfurt – schön oder häßlich?

„In zwanzig Minuten sind wir in
Frankfurt."

„Ist Frankfurt eigentlich schön?" fragt
Martin.

„Schön? Nein. Die meisten Leute
finden Frankfurt häßlich. Es gibt hier
viel Industrie, und die Luft ist ziemlich
schlecht."

„Die ist in Köln auch nicht gut", sagt
Gisela.

„Frankfurt hat viele Wolkenkratzer, und
deshalb nennt man die Stadt auch
‚Main-Manhattan'", sagt Herr Meyer.

„Also, schön – schön ist sie nicht.
Wenn ich an Köln denke ..."

„Mein Vater denkt immer an Köln", sagt
Gisela, „er kommt nämlich aus Köln.
Und was er über Frankfurt sagt, stimmt
nicht. Die Stadt ist sehr modern. Ich
finde sie prima, und ich wohne gern
hier."

„Du bist ja auch hier geboren", sagt
Herr Meyer.

„Und was gibt's in Frankfurt zu
sehen?"

„Das Goethe-Haus, zum Beispiel.
Goethe ist nämlich auch hier
geboren. Das können wir morgen
besichtigen, wenn du willst."

9b

1. Wie findest du den Wolkenkratzer?

Den finde ich modern.
Der sieht modern aus.

2. Wie findest du ... Kugelschreiber?

... finde ich teuer.
... sieht teuer aus.

3. Wie findest du ... Stadt?

... finde ich häßlich.
... sieht häßlich aus.

4. Wie findest du ... Haus?

... finde ich schön.
... sieht schön aus.

5. Wie findest du das, was er sagt?

... finde ich interessant.

6. ziemlich – sehr – besonders

Wieviel kostet die Ansichtskarte, zwei Mark?

Das ist aber ziemlich teuer.
Das finde ich aber ziemlich teuer.
Das ist aber sehr teuer.

....
Das ist aber besonders teuer.

....

7. Was gibt's hier zu sehen?

Ich weiß nicht, was es hier zu sehen gibt.
.... zu besichtigen?
.... zu essen?

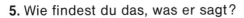

Telefonbuch 14

Amtliches
Fernsprechbuch
der Deutschen
Bundespost
1982/83

Ortsnetz
Frankfurt
am Main
(0611×)

Wo wohnt denn dein Onkel?

HM: Wir sind jetzt gleich da. Martin, wo wohnt denn dein Onkel?
M: Oh! Das weiß ich nicht. Aber er steht im Telefonbuch.
HM: Na, hoffentlich ist er zu Hause. Jetzt fahren wir zu uns, und dann
    rufen wir an.
M: Darf ich erst in München anrufen? Meine Eltern wissen ja nicht, wo
    ich bin.
HM: Natürlich.

Hallo, wie geht's euch denn?

(Martin telefoniert nach München)

FW: Weber.

M: Hallo, Mutti! Wie geht's euch?
Ich bin jetzt in Frankfurt bei
Giselas Eltern, aber ich will
gleich zu Onkel Georg.

FW: Onkel Georg? Der ist nicht zu
Hause. Der ist hier bei uns in
München.

M: Oha! Was mache ich denn nun?
– Du, warte mal einen
Augenblick. – Frau Meyer, mein
Onkel ist nicht zu Hause, der ist
in München. Gibt es hier eine
Jugendherberge?

FM: Ich glaube, es gibt eine, aber du
kannst auch bei uns bleiben,
wenn du im Hobbyraum schlafen
willst. Wir haben nämlich kein
Gästezimmer.

M: Das ist ja prima. Vielen Dank,
Frau Meyer. – Mutti, hörst du?
Ich darf hierbleiben. Ich komme
dann morgen oder übermorgen
mit dem Zug. Tschüß!

FW: Martin, warte mal …

„Hier soll ich schlafen? Klasse! Wer spielt denn mit der Rennbahn?
Geht die noch?"
„Ich glaube, ja. Die gehört natürlich Andy, aber meistens spielt mein
Vater damit."
„Und der Doppeldecker? Fliegt der?"
„Klar. Aber mit dem spielt nur der Andy. Den darf ich nicht mal
anfassen."

Andy kommt herein: „Was macht ihr denn morgen? Ich fahre zum Flug-
platz. Wenn ihr wollt, könnt ihr mitkommen."
„Mensch, Andy, Spitze! Weißt du, Martin, der Andy ist nämlich
Segelflieger."

Das ist die Segelflugschule auf der Wasserkuppe.

Eine Platzrunde mit dem Segelflugzeug: Klasse!

Kann man da mitfliegen? – Klar, aber das kostet Geld!

Frühstück um halb sechs

Am nächsten Morgen stehen Gisela und Martin sehr früh auf. Die Eltern schlafen noch, aber Andy ist schon in der Küche.

„Brot, Marmelade und Honig stehen auf dem Tisch", sagt er, „und hier ist die Butter. Brötchen gibt es nicht, heute ist Sonntag. Hier in der Kanne ist heißes Wasser, und in der Dose ist Pulverkaffee. – Gisela, haben wir auch Milch? Im Kühlschrank ist keine."
„Im Keller ist Büchsenmilch. Soll ich welche holen?"
„Ach was, wir trinken den Kaffee schwarz."
„Wo fahren wir eigentlich hin?" fragt Martin.
„In die Rhön, das ist ein Gebirge ungefähr hundert Kilometer von hier. Wir brauchen etwa zwei Stunden mit dem Auto."
„Mit ‚Snoopy'", sagt Gisela. „Das ist Andys Wagen, der ist schon zwölf Jahre alt."
„Du, Gisela, nehmen wir Bello mit?"
„Klar, warum nicht?"

10ᵇ

1. Wann stehst du auf?

Ich stehe um … Uhr auf.

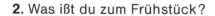

2. Was ißt du zum Frühstück?

Ich esse Weißbrot
      Schwarzbrot
      Brötchen   mit Butter.
                Marmelade.
                Honig.

3. Was trinkst du zum Frühstück?

Ich … Kaffee.
     Tee.
     Milch.
Trinkst du den Kaffee schwarz oder weiß (mit Milch)?

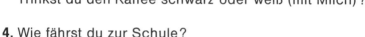

4. Wie fährst du zur Schule?

Ich … mit dem Bus.
        dem Fahrrad.
        der Bahn.

5. Ich fahre mit dem Bus.

Ich nehme immer den Bus um … Uhr.

6. Ich fahre mit der Bahn.

Ich nehme immer die Bahn um … Uhr.

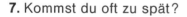

7. Kommst du oft zu spät?

Ja, …
Nein, … … nicht … … … .

8. Und wie lange schläfst du sonntags?

Sonntags … … bis … Uhr.

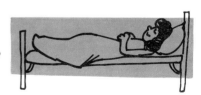

Auf dem Weg zur Rhön

Am Sonntagmorgen um sechs ist kein Mensch auf der Straße. Gisela sitzt hinten im Wagen und liest, Bello schläft und Andy erzählt vom Segelfliegen.

„Wenn du vierzehn bist, darfst du schon mit der Ausbildung anfangen, zuerst natürlich mit der Theorie. Mit sechzehn machst du dann deine erste Prüfung, die heißt auch beim Segelfliegen die ‚A'. Du mußt allein eine Platzrunde fliegen. Dann gibt's noch die ‚B' und die ‚C'. Für die ‚C' mußt du noch mal viel lernen, Navigation, Wetterkunde, und so weiter, und außerdem mußt du mindestens eine halbe Stunde fliegen."
„Hast du die ‚C'?"
„Na klar. Die Plakette hinten am Auto, die bedeutet ‚C'."
„Was machst du eigentlich, wenn du in einer Gegend landen mußt, wo es keinen Flugplatz gibt?"
„Dann ruft man den Club an, und die Freunde kommen mit einem Auto mit Anhänger und holen die Maschine."
„Habt ihr eigentlich auch Mädchen im Club?" fragt Gisela.
„Viele sogar. Die fliegen gar nicht schlecht."

1. Dürfen wir mitfliegen?

„Wir sind nicht die Ersten", sagt Andy. Tatsächlich, auf dem Parkplatz stehen schon viele Autos.

„Du, Andy, dürfen wir mal mitfliegen?"

„Ihr könnt mit dem Fluglehrer fliegen. Ich frage mal, wann er Zeit hat."

„Ja", sagt der Fluglehrer, „das geht, aber ihr müßt ein bißchen warten. Seht ihr das Sportflugzeug, das gerade landen will? Das schleppt die Segelflugzeuge. Wir haben ja keinen Motor. Ich mache dann zwei Platzrunden, einmal mit Gisela und einmal mit Martin."

2. Na, wie war's?

Nach dem Flug fragt Andy: „Na, wie war's?"

„Einfach toll", sagt Martin, „große Klasse. Mindestens genauso schön wie Segeln auf dem Wasser."

„Nur, auf dem Meer ist es nicht so gefährlich wie in der Luft", sagt Gisela.

„Ich weiß nicht. Fehler darf man nirgends machen."

Was darf man, und was muß man?

Mit drei darf man in den Kindergarten gehen.

Mit sechs muß man zur Schule gehen.

Mit fünfzehn darf man ein Mofa fahren.

Mit sechzehn darf man ein Kleinkraftrad fahren.
Es hat 80 cm³ und fährt 80 km/h. Man muß eine Prüfung
machen und bekommt einen Führerschein.

Mit achtzehn darf man Auto fahren. Natürlich muß man eine
Prüfung machen und bekommt einen Führerschein.

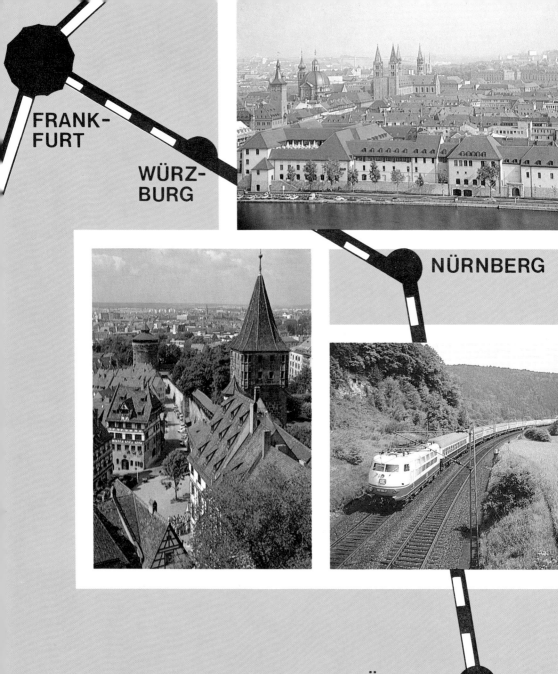

FRANK-FURT

WÜRZ-BURG

NÜRNBERG

MÜNCHEN

Heimfahrt nach München

Am nächsten Morgen fahren Gisela und Martin mit der Straßenbahn zum Hauptbahnhof.

„Grüß deine Eltern bitte noch mal, und den Andy natürlich. Und vielen Dank! Es war prima bei euch!" sagt Martin.
„Mach' ich. Wie lange dauert denn die Fahrt? Hast du was zu lesen?"
„Bis München sind es vier Stunden mit dem Intercity. – Da drüben ist ein Kiosk. Da gibt's bestimmt Comics."

„Ach", sagt Gisela, „liest du denn Comics?"
„Na klar! Comics finde ich toll. Die sind doch lustig! Ich lache mich immer kaputt. Kennst du Asterix?"
„Sicher, die kenne ich alle. Die habe ich sogar auf französisch gelesen!"
„Donnerwetter! Das kann ich nicht. Ich habe mal ein paar Hefte auf englisch gelesen, das war ganz schön schwer! Die hat mein Vater in London gekauft, da waren wir ein paar Tage in den Ferien."

Martin kauft drei Hefte.

„Mehr Geld habe ich nicht. – So, Gisela, gleich fährt mein Zug. Mach's gut und schreib mal. Tschüß!"

Zu Hause in München

Beim Abendessen sagt Martins Vater: „Also, nun erzähl mal! Wie war's denn?"

„Toll war's", sagt Martin, „weißt du, wenn man alles von oben sieht, die Häuser sind so klein und die Menschen. Ich habe Fotos gemacht, das Wetter war nämlich prima. Und es ist gar nicht gefährlich!"

„Wieso gefährlich?" sagt Frau Weber. „Ihr habt doch hoffentlich Schwimmwesten gehabt, oder?"

„Du meinst wohl Fallschirme, Mutti", sagt Martin.

„Ich glaube, der Martin spinnt", sagt Andrea. Andrea ist Martins Schwester. „Sag mal, wovon redest du eigentlich? Du warst doch in Kiel und hast segeln gelernt, nicht?"

„Was? Ach so!" Martin lacht. „Klar, zuerst war ich in Kiel, das wißt ihr ja. Aber dann, auf dem Rückweg, da war ich doch in Frankfurt. Und da bin ich mit Andy und Gisela in die Rhön gefahren. Der Andy, Giselas Bruder, der ist Segelflieger, ein toller Typ! Und dann bin ich geflogen, aber mit dem Fluglehrer. Ich rede vom Segelfliegen!"

„Mein Gott", sagt Frau Weber, „und ich habe gedacht, ihr besichtigt in Frankfurt das Goethe-Haus!"

Ein paar Fragen

1. Wo warst du in den Ferien?
Ich war

☐ zu Hause.
☐ an der See.
☐ in den Bergen.

2. Was hast du in den Ferien gemacht?
Ich habe

☐ gelesen.
☐ für die Schule gearbeitet.
☐ Deutsch gelernt.

3. Warst du schon mal im Ausland?

☐ Ja, ich …
☐ Nein, ich …

4. Bist du schon mal geflogen?

☐ Ja, ich …
☐ Nein, …… noch nie … .

5. Wie findest du Comics?

☐ Die … ich prima.
☐ … … … langweilig.

Das ist das
Goethe-
Gymnasium in
Essen-Bredeney.

Im Ruhrgebiet
gibt es viel
Industrie,

aber auch schöne
alte Häuser.

Was hast du denn in den Ferien gemacht?

Im Goethe-Gymnasium in Essen ist Große Pause. Thomas trifft Christian auf dem Schulhof.

„Hallo, Christian, wie geht's? Was hast du denn in den Ferien gemacht?"
„Du, ich war zu Hause. Das heißt, ich habe gearbeitet."
„Für die Schule?"
„Quatsch! Ich habe in dem kleinen Blumenladen an der Ecke geholfen, Blumen austragen. Weißt du: ‚Guten Tag, ich komme von Fleurop'."
„Und, hast du gut verdient?"
„Na ja, es geht. Genug für einen billigen Plattenspieler und ein neues Fahrrad."
„Prima. Hast du schon eins gekauft?"
„Nee. Ich weiß noch nicht, was ich nehme. Mein Vater meint, ich soll kein Rennrad kaufen. Das ist in der Stadt zu gefährlich, sagt er. Ich soll ein gutes Tourenrad kaufen."
„Und – was machst du?"
„Weiß ich noch nicht. – Übrigens, kommst du heute abend?
Den Plattenspieler habe ich schon, und ein paar neue Platten habe ich auch."
„O.k. Ich bringe eine neue LP mit, die habe ich noch gar nicht gehört. Mein Plattenspieler ist nämlich kaputt."

Auf Christians Bude

Heute abend sind zehn Freunde bei Christian. Jeder erzählt, was er in den Ferien gemacht hat.

Frank war in Spanien. „Wir haben zwanzig alte Kirchen besichtigt", sagt er, „das war nicht lustig."
Micha und Hans waren in Holland. Das war prima, aber sie haben schlechtes Wetter gehabt.
Claudia war in Frankreich. Sie hat die alten Schlösser an der Loire besichtigt.
Matthias war in Italien. „Wir haben vier Wochen schönes Wetter gehabt, und ich habe Windsurfen gelernt", sagt er. „Das war Spitze!"
Axel hat Blinddarmentzündung gehabt und war drei Wochen im Krankenhaus.
„Du armer Hund!" sagt Thomas. „Ausgerechnet in den Ferien! Das macht man doch in der Schulzeit!"
Detlef hat auch gearbeitet.
„Und was machst du mit dem Geld?"
„Wir brauchen das Geld zu Hause", sagt Detlef. „Mein Vater ist krank, und meine Mutter verdient nicht viel. So ist das eben!"

Frank hat in Spanien in einem schönen Bungalow gewohnt. Aber die alten Kirchen waren langweilig, sagt er.

Claudia findet das nicht. Sie besichtigt gern alte Bauwerke. An der Loire gibt es wunderbare Schlösser, sagt sie.

Matthias hat an der Adria in einer kleinen Pension gewohnt. Das war eine gemütliche Bude, sagt er.

Axel war in einem modernen Krankenhaus. Da war alles weiß, weiße Zimmer, weiße Betten: furchtbar ungemütlich!

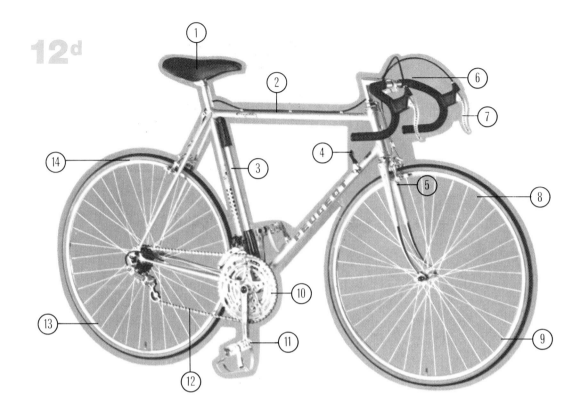

Peugeot Rennrad „Competition" – 15 Gänge, ca. 11,0 kg

1 der Sattel, ⸚

2 der Rahmen, -

3 die Luftpumpe, -n

4 die Gangschaltung, -en

5 die Gabel, -n

6 der Lenker, -

7 die Bremse, -n

8 die Speiche, -n

9 das Vorderrad, ⸚er

10 das Kettenrad

11 das Pedal, -e

12 die Kette, -n

13 das Hinterrad

14 der Reifen, -

„Also, Christian, was für ein Fahrrad kaufst du? Ein Tourenrad oder ein Rennrad?"

„Tja – hm, ich glaube, ich nehme ein Rennrad, ein leichtes, schnelles, mit zwölf Gängen. Hier, schau mal her, das sind alles Rennräder."

„Nicht schlecht! Und welches nimmst du?"

„Vielleicht das von Peugeot. Das ist zwar teuer, aber sehr leicht. Die franzosischen Rennräder sind Spitze."

„Die italienischen sind auch nicht schlecht!"

„Stimmt!"

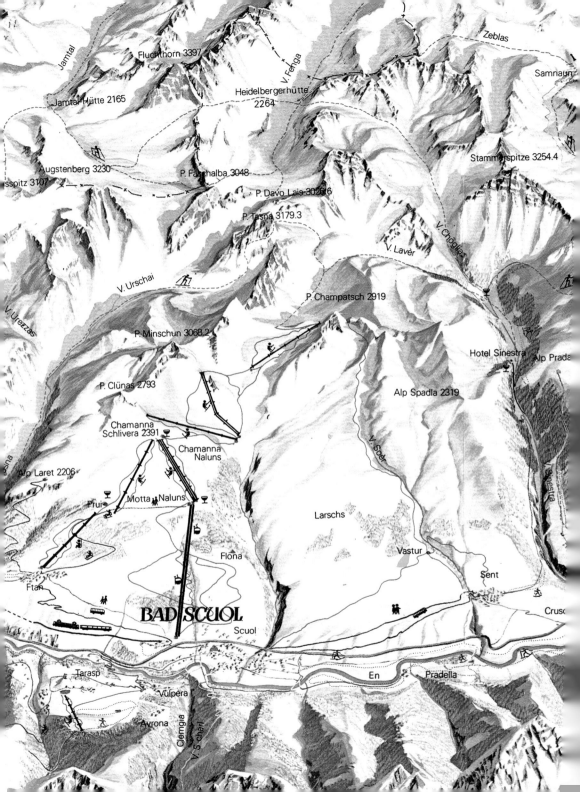

Winter in der Schweiz – Aus Martins Tagebuch

26. 12.

Wir sind in Sent. Das ist ein kleines Dorf im Unterengadin, 50 km von St.Moritz und nicht weit von der österreichischen und italienischen Grenze.

Ich weiß nicht, wie viele Einwohner Sent hat, ich glaube nur ein paar hundert.

Wir wohnen in einem gemütlichen Bauernhaus. Es hat eine ganz niedrige Tür. Die Menschen waren früher kleiner als heute. (Das hat die Frau gesagt, der das Haus gehört.) Die Leute hier können alle Deutsch, aber meistens sprechen sie Romanisch. Das ist in der Schweiz die vierte offizielle Sprache. Sie klingt wie Italienisch. Ich habe gefragt, wie viele Menschen Romanisch sprechen. Man weiß das nicht ganz genau, es sind vielleicht 70 oder 80 000.

29. 12.

Gestern und vorgestern war ich sehr müde vom Skifahren.

13b

Ich bin gleich nach dem Abendessen ins Bett gegangen.

Wir fahren morgens mit dem Bus nach Schuls runter (Sent liegt 200 m höher als Schuls) und dann mit der Gondelbahn auf 2400 m.

Der höchste Berg heißt Champatsch (das spricht man "Tschampatsch"). Er ist fast 3000 m hoch.

Zum Champatsch geht ein Lift. Die längste Abfahrt ist 12 km.

2. 1.

Wir haben einen guten Skilehrer, Reto heißt er.

Andrea fährt besser als ich - sagt Reto. Finde ich nicht gut!

Am Silvesterabend waren wir im Konzert. Es war in der Schule in Sent.

Drei junge Deutsche haben Mozart und Chopin gespielt. Die waren nicht viel älter als ich.

Sie wohnen in München.

Diese kleine Kirche sieht
man schon von weitem.

In diesem Bauernhaus hat Martin
gewohnt. Er findet es schöner als
das modernste Hotel.

Dieses Bild hat Martin am
Silvesterabend gemacht.
Simon, der Geiger, ist der Älteste.
Sein Bruder Vincent, der Cello
spielt, ist drei Jahre jünger.
Romuald, der Klavierspieler,
ist so alt wie Vincent.

1. Welchen Sport treibt man im Winter, welchen im Sommer?

Schwimmen

Minigolf

Schlittenfahren
(Rodeln)

Eishockey

Tennisspielen

Langlaufen

Schlittschuhlaufen
(Schlittschuhfahren)

Skifahren

2. Welches Instrument spielst du? Welches möchtest du gern spielen?

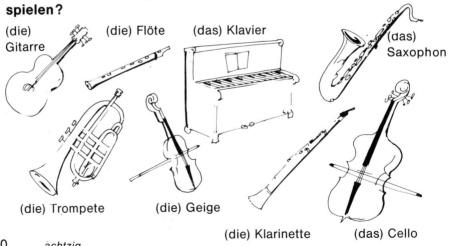

(die) Gitarre

(die) Flöte

(das) Klavier

(das) Saxophon

(die) Trompete

(die) Geige

(die) Klarinette

(das) Cello

Wanderlied: **Im Frühtau zu Berge**

Im Früh-tau zu Ber-ge wir gehn, fal - le - ra,

es grü-nen die Wäl - der, die Höhn, fal - le - ra.

Wir wan-dern oh-ne Sor-gen sin-gend in den Mor-gen,

noch eh im Ta - le die Häh-ne krähn.

Ihr alten und hochweisen Leut, fallera,
ihr denkt wohl, wir sind nicht gescheit, fallera.
Wer sollte aber singen,
wenn wir schon Grillen fingen
in dieser herrlichen Frühlingszeit!

Werft ab alle Sorge und Qual, fallera,
und wandert mit uns aus dem Tal, fallera.
Wir sind hinausgegangen,
den Sonnenschein zu fangen.
Kommt mit und versucht es auch selbst einmal!

Das Deutsche Museum
auf der Museumsinsel in München

Warum schreiben die bloß nicht?

Martin hört viele Monate nichts mehr von seinen Freunden.

„Kein Wunder", sagt seine Schwester, „du schreibst ja auch nicht!"
„Doch! Ich habe Karten zu Weihnachten geschrieben, als wir in der Schweiz waren."
„Vielleicht an die falschen Adressen?"
„Quatsch! Die kann ich auswendig. – Du, Andrea, weißt du was? Die kennen unsere neue Adresse gar nicht!"
„Mensch, wir sind ja umgezogen!"
„Du, ich hab' eine gute Idee! Wir laden sie alle zu Ostern ein, zu unserem Geburtstag. Wie findest du das?"
„Nicht schlecht, aber – das ist ganz schön teuer, nicht?"
„Für Klaus ist das überhaupt kein Problem. Sein Vater ist bei der Lufthansa. Du, der fliegt fast umsonst. Und Gisela – das geht bestimmt auch. Ihr Vater fährt öfter nach München."
„Dann können sie den Thomas mitnehmen, der braucht dann nur bis Frankfurt zu fahren."
„Und wo schlafen die alle?"
„Gisela schläft in meinem Zimmer. Thomas und Klaus schlafen in deinem, und du – du schläfst im Wohnzimmer."

Martin Weber

Bert-Brecht-Allee 9
8000 München 83

Rundbrief Nr. 1

Liebe Freunde,

Weihnachten war ich mit meinen Eltern in der Schweiz zu/Skifahren
und habe Euch von da aus Ansichtskarten geschrieben. Aber niemand hat
geantwortet. Jetzt weiß ich, warum: Wir sind im Dezember umgezogen,
und Ihr habt meine neue Adresse nicht. (Oben rechts steht sie.)
Ich hoffe, daß es Euch gut geht - und daß Ihr alle Ostern nach
München kommt! Andrea und ich wollen ein großes Fest machen. (Wir
haben nämlich beide im April Geburtstag.)
Wenn Ihr zwei oder drei Tage Zeit habt (es sind ja Ferien!), dann
können wir viel unternehmen.
Ich kann Euch das Deutsche Museum zeigen (das ist wirklich
interessant!), und vielleicht können wir auch für einen Tag nach
Salzburg fahren. Ich lege Euch einen "Fragebogen" bei, damit ich
weiß, was Ihr sehen wollt.
Also, schreibt bald, ob Ihr komen könnt, und schickt den Frage-
bogen zurück.

Herzliche Grüße!

Euer

Martin

Was gibt es in München zu sehen?

A Das Deutsche Museum. Es hat viele Abteilungen, die wir aber nicht
   alle ansehen können. (Dafür braucht man bestimmt eine Woche!)
   Ich habe die interessantesten herausgesucht. Bitte, kreuzt an,
   was Ihr sehen wollt.

                                                    ja   nein

   1. Kraftfahrzeuge (die ältesten Autos)

   2. Flugzeuge

   3. Schiffe (viele Modelle)

   4. Eisenbahnen (auch mit vielen Modellen)

   5. Fotografie

   6. Musikinstrumente

   7. Uhren

B Die Alte Pinakothek. Das ist (glaube ich)
   Deutschlands größte Gemäldegalerie.

C Der Olympiapark. Davon habt Ihr bestimmt schon mal
   Fotos gesehen. Er hat das größte und teuerste
   Dach der Welt.

D Schloß Nymphenburg. Hier haben im Sommer die
   bayerischen Könige gewohnt. Ich kann Euch nicht
   sagen, ob es interessant ist. Ich war leider noch
   nicht da.

München
für junge Gäste
Ausgabe

Kunstsammlungen, Galerien, Museen, Schlösser und andere Sehenswürdigkeiten

An Kunstsammlungen und Museen ist München reicher als jede andere deutsche Stadt.
Was ist wo zu sehen, Öffnungszeiten, Eintrittspreise (auch für Gruppen), darüber informiert Sie das „Offizielle Monatsprogramm".

Klassen und Jugendgruppen besuchen Münchner Museen

Kontaktadresse:
Museumspädagogisches Zentrum
Barer Straße 29, 8000 München 40,
Telefon 23 80 51 94

Foto links:
Bayerische Motoren Werke (BMW).
In diesem Gebäude gibt es ein Auto-Museum. (Der alte Sportwagen auf Seite 36 ist aus diesem Museum.)

Foto unten:
Das Olympia-stadion in München. Hier waren die Olympischen Spiele 1972.

Schloß
Neuschwanstein
bei Füssen im
Allgäu

Schloß
Nymphenburg
(München)

München,
Marienplatz mit
Rathaus und
Frauenkirche

München in drei Tagen

„Jetzt sieh dir das an", sagt Martin zu Andrea. „Die haben uns die Frage-bogen zurückgeschickt. Gisela hat alles angekreuzt, die interessiert sich sogar für Eisenbahnen. Und Klaus schreibt – Moment mal – hier: ‚Ich möchte mir gern Schloß Neuschwanstein ansehen. Können wir da hinfahren, vielleicht per Anhalter?' – O Mann, und das alles in drei Tagen!"

„Das geht nicht. Wir wollen doch auch nach Salzburg, nicht? Und – per Anhalter, du, ich weiß nicht. Unsere Eltern sind bestimmt nicht damit einverstanden."

„Andrea, uns nimmt überhaupt niemand mit. Wir sind fünf Leute!"

„Stimmt. Hier in München können wir uns ja trennen. Ich gehe auf jeden Fall mit Gisela ins Schloß Nymphenburg und in die Abteilung für Musikinstrumente im Deutschen Museum. Die Flugzeuge finde ich nicht so interessant. Die könnt ihr euch allein ansehen."

„Du, Andrea, die fragen bestimmt eine ganze Menge über München, weißt du, Stadtgeschichte und so was. Ich hab' doch keine Ahnung!"

„Keine Angst, das mach' ich schon. Ich spiel' den Fremdenführer!"

Ratet mal!

Andrea hat Besuch von ihren Freundinnen.

„Du, was wünschst du dir denn zum Geburtstag?"

„Ach, Kinder, Geburtstag ist doch unwichtig! Bei uns gibt's ein großes Geschenk zu Weihnachten, und damit basta. Und wenn wir verreisen, na ja, dann gibt's auch zu Weihnachten nur kleine Geschenke. Und im Januar waren wir in der Schweiz, das wißt ihr doch."

„Ich hab' ja nicht gefragt, was du bekommst, sondern was du dir wünschst!"

„Ach so. Also: Was ich mir wünsche, das bekomme ich nicht – und ich will es auch gar nicht haben."

„Was? Versteht ihr das? Sie wünscht sich was, aber sie bekommt es nicht, und sie will es auch gar nicht haben. Du träumst wohl nur davon, was?"

„Ratet doch mal! – Übrigens, der Martin bekommt auch nicht das, was er will. Aber bei ihm ist das einfacher: Er wünscht sich ein Mofa, und das ist zu teuer. Das kann er sich selbst kaufen, wenn er mal Geld verdient, sagt mein Vater."

„Paßt auf, wir machen ein Spiel! Wir stellen Andrea jetzt zehn Fragen. Mal sehen, ob wir rausfinden, was sie sich wünscht."

Zehn Fragen

Erste Frage:	Ist es was zum Anziehen, ein Kleid, ein Paar Blue Jeans oder ein Paar Schuhe? Nein.

Zweite Frage:	Sind es Schallplatten, oder hat es was mit Musik zu tun? Nein.
Dritte Frage:	Habe ich das, was du dir wünschst? Nein.
Vierte Frage:	Kann man das kaufen? Ja.
Fünfte Frage:	Ist es teuer? Das kommt darauf an. Es kann groß und billig oder klein und teuer sein, oder groß und teuer oder klein und billig.

Sechste Frage:	Ist es eine Halskette oder ein Ring? Nein.
Siebte Frage:	Hat es was mit Sport zu tun? Nein.
Achte Frage:	Möchtest du eine Reise machen? Nein.
Neunte Frage:	Habe ich das schon mal gesehen? Natürlich.
Zehnte Frage:	Brauchst du das hier in deinem Zimmer? Ja – hm, nein, nein!

Familie Weber wohnt im sechsten Stock. Die Wohnung ist nicht groß. Sie hat nur 90 m² (Quadratmeter).

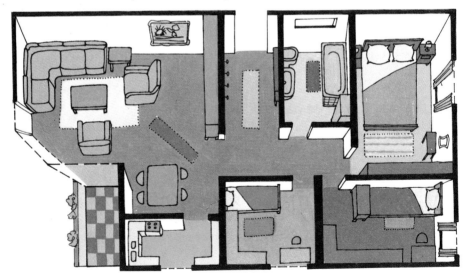

Ein interessanter Flug

Die Maschine von Hamburg nach München hat ihre Reiseflughöhe erreicht: sechstausend Meter. Die Sonne scheint ins Fenster, aber unten sind nur Wolken zu sehen. Klaus nimmt ein Buch aus der Tasche und will gerade anfangen zu lesen, da kommt eine Stewardeß zu ihm.

„Du bist Klaus Jensen, nicht? Du darfst ins Cockpit, wenn du willst. Dein Vater hat mit dem Kapitän gesprochen."
„Oh! Danke!"
„Na, Klaus, was interessiert dich besonders?" fragt der Pilot.
„Alles", sagt Klaus, „aber am meisten interessiert mich, wie Sie den Weg finden. Wenn Sie mir das erklären können …"
„Ich will's versuchen. Also, das wichtigste Instrument ist der Kompaß."
„Fliegen Sie denn von Hamburg einfach geradeaus nach München?"
„Nein, so einfach ist das nicht. Die Fluglotsen sagen uns, wie hoch wir fliegen sollen. Auf dem Weg gibt es dann ein paar Funkstationen – ja, wie soll ich dir das erklären? Also, die senden ein Zeichen, das empfangen wir und fliegen dann genau in die Richtung.
Verstehst du das?"
„Natürlich", sagt Klaus. Und dann denkt er:
Eigentlich – so ganz verstehe ich das doch nicht.

Klaus muß plötzlich an die Schule denken. In seinem Erdkundebuch steht etwas über Himmelsrichtungen und die Gradeinteilung, aber das hat ihn nie interessiert. Er hat mal einen Kompaß gehabt, einen ganz billigen, der war nicht sehr genau. Aber sein Freund Uli, der ist Pfadfinder, der hat einen schönen Kompaß zu Weihnachten bekommen. Er braucht ihn beim Wandern.

Und Herr Hansen, der Segellehrer in Kiel, hat gesagt:

„Wenn ihr später mal auf einem größeren Schiff auf der See segelt, wo man kein Land mehr sieht, dann müßt ihr lernen, wie man mit dem Kompaß arbeitet."

Vielleicht ist das doch ganz wichtig, was man in der Schule lernt, denkt Klaus.

Diese Skizze hat Klaus im Flugzeug gemacht:

Von Hamburg bis Fulda fliegt das Flugzeug in 190° (Grad).
Die Entfernung ist 206 NM (= Nautische Meilen = Seemeilen = 1,85 Kilometer).

Von Fulda bis Dinkelsbühl sind es 91 Meilen.
Von Dinkelsbühl bis München sind es 116 Meilen. Zusammen also 413 Meilen.
Die Maschine hat eine Stunde und 20 Minuten gebraucht.

Zu Hause will Klaus noch ausrechnen, wie schnell die Maschine in Stundenkilometern war.
Außerdem hat er nicht aufgeschrieben, in wieviel Grad sie von Fulda nach Dinkelsbühl fliegt, und in wieviel von Dinkelsbühl nach München.
Der Kapitän hat es gesagt, aber er hat es vergessen.
Weißt du es?

Ankunft in München

In München-Riem wartet Martin auf Klaus.

„Hallo, Klaus! Wie geht's? Wie war der Flug?"
„Tag, Martin. Nett, daß du mich abholst. Der Flug war prima. Ich habe eine Menge gelernt."
„Wieso denn das? Du bist doch nicht zum ersten Mal geflogen?"
„Natürlich nicht. Aber ich durfte ins Cockpit und konnte mir alles ansehen, die Instrumente, und was die Piloten die ganze Zeit machen. Der Käptn war sehr nett, der hat mir alles erklärt. Nur zur Landung mußte ich wieder nach hinten."
„Hat der denn soviel Zeit? Ich dachte, der muß dauernd aufpassen?"
„Ach was. Wenn der seine Flughöhe erreicht hat, dann tut er nicht mehr viel, dann geht das meiste automatisch. Ich weiß jetzt, wie die Navigation funktioniert. Das erzähle ich dir später mal, wenn es dich interessiert."
„Gut. Jetzt gehen wir zum Bus. Die anderen warten schon zu Hause."

Nachmittags zum Kaffee kommen auch noch Monika, Ute und Kirsten, das sind Andreas Freundinnen, und Hans. Hans ist Martins bester Freund.

„Wo soll ich denn sitzen?" fragt Klaus.

„Ganz einfach", antwortet Andrea, „ich habe Tischkarten gemacht. Jeder findet seinen Anfangsbuchstaben."

„Halt! Das geht aber nicht. Wir haben zweimal ‚M', Martin und Monika, und zweimal ‚K', Klaus und Kirsten."

„Weiß ich! Die mit ‚M' und die mit ‚K' müssen auch noch den zweiten Buchstaben nehmen."

Und hier sind die Tischkarten, die die kluge Andrea gemacht hat.

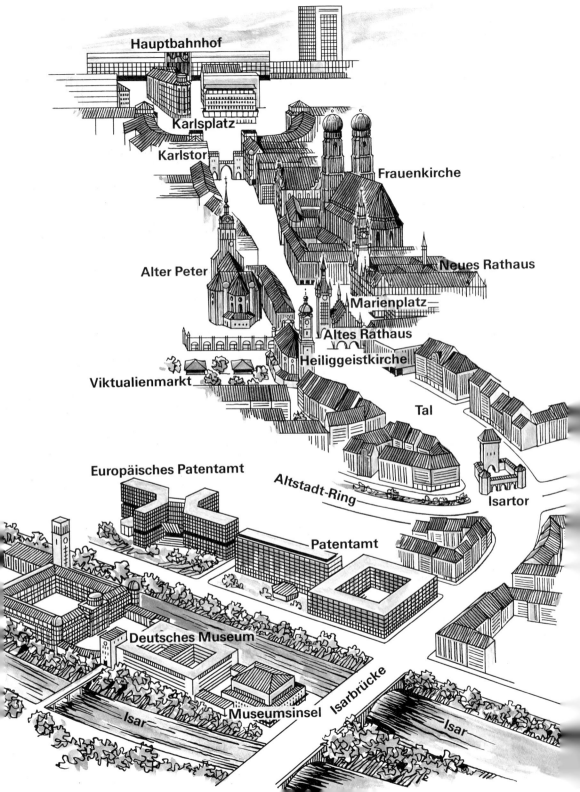

Im Deutschen Museum

„Damit ihr wißt, wo wir sind", sagt Andrea, „schaut mal hier auf den Stadtplan.

Hier sind wir jetzt, auf der Museumsinsel. Geradeaus über die Isar-brücke geht's ins Stadtzentrum. Hier links ist das Europäische Patent-amt, und hier rechts auf dem Marienplatz ist das Rathaus. Da gehen wir heute nachmittag noch hin, und wenn wir genug Zeit haben, zeige ich euch auch noch die Frauenkirche.

Was es im Deutschen Museum zu sehen gibt, wißt ihr ja schon. Das Museum wurde übrigens 1903 gebaut. Jedes Jahr kommen eineinhalb Millionen Besucher.

Ich schlage vor, daß ihr euch in Ruhe alles anseht, was euch interes-siert. Wir treffen uns dann um ein Uhr wieder hier am Ausgang."

„Ich gehe mit dir, Andrea", sagt Thomas, „du kannst alles prima erklären."

„Klar, bleiben wir doch zusammen. Das macht viel mehr Spaß!"

„Gut", sagt Andrea, „dann gehen wir zuerst ins Untergeschoß. Da stehen die Kraftfahrzeuge. Davon verstehe ich allerdings nicht viel."

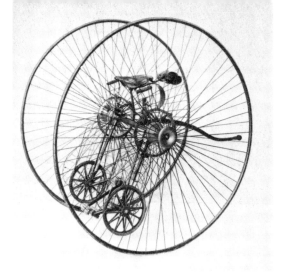

Ein „Fahrrad"
aus dem Jahre
1881

Das erste Motorrad
von Daimler und
Maybach (1885)

Das erste „Auto" von
Carl Benz (1886)

Flugzeug von
Louis Blériot.
Mit diesem Typ
ist Blériot 1909
über den
Ärmelkanal
geflogen.

Die erste
Schreibmaschine
von Peter Mitterhofer,
1866

Das ist das
erste Telefon!
(Philipp Reis,
1863)

Interessant war alles

Beim Abendessen fragt Frau Weber: „Was hat euch denn am besten gefallen?"

„Interessant war alles", sagt Klaus, „aber wir haben viel zuwenig Zeit gehabt. Wenn ich noch mal nach München komme, gehe ich drei Tage ins Deutsche Museum."

Gisela sagt: „Die Jungen haben sich natürlich besonders für die Fahrzeuge interessiert, Motorräder, Autos, Schiffe, Flugzeuge, und so weiter. Aber ich finde, das kennt man schon aus Büchern. Für mich ist am interessantesten, wie etwas gemacht wird. Man weiß doch meistens gar nicht, wie die Sachen hergestellt werden, die man jeden Tag braucht. Wir haben zum Beispiel gesehen, wie Glas hergestellt wird."

„Interessant war auch", sagt Thomas, „daß die Menschen schon immer Automaten gebaut haben. In der Abteilung für Musikinstrumente ist zum Beispiel ein Automat, der sieht aus wie ein Mensch und kann Trompete spielen."

„Ja, aber die Menschen können es immer noch besser als die Automaten. Da ist auch eine Maschine, die spielt auf zwei oder drei Geigen. Wir haben sie gehört – also, schön war das nicht."

Lieber Andy,
herzliche Grüße aus
München! Ich denke
noch oft an den
schönen Tag in der
Rhön. (Deine Maschine
gefällt mir besser
als die auf dieser
Karte.)   Dein Martin
Grüße auch von Gisela

Besuch bei
Mozart

Fahrt nach Salzburg

Am nächsten Tag fährt die Gruppe mit dem Zug nach Salzburg. Das sind von München nur 140 Kilometer. Andrea und Martin waren natürlich schon öfter in Österreich, und Andrea kennt Salzburg genauso gut wie München.

7.57	D 217	„Austria-Express"
		Rosenheim 8.39 – Salzburg 9.38 –
		Badgastein 11.58 – Villach 13.28 –
		Klagenfurt 14.15
0.43	612	„Gorch Fock"
		Augsburg 11.12 – Stuttgart 12.57 –
		Mannheim 14.27 – Mainz 15.11 – Bonn 16.35
		– Köln 16.57 – Essen 17.52 –
		Münster (Westf) 18.51 – Kiel 22.47
.48	D 366	„Ticino"
		Lindau 13.23 – Bregenz 13.54 – Zürich 15.58
		Bellinzona 18.52 – Chiasso 19.45 –
		Mailand 20.50
.55	D 264	„Mozart"
		Augsburg 14.31 – Ulm 15.20 – Stuttgart 16.25
		– Karlsruhe 17.35 – Kehl 18.25 –
		Straßburg 18.45 – Paris Ost 23.15

17.20	D 265	„Mozart"
		Salzburg 18.56 – Linz 20.42 –
		Wien West 22.45
21.38	D 411	„Hellas-Express"
		Rosenheim 22.20
		Athen 14.45 OEZ/15.45 MZ
23.10	D 216	„Austria-Express"
		Augsburg 23.49 – Ulm 0.42 – Stuttgart 1.57 –
		Mannheim 3.44 – Mainz 4.47 – Bonn 6.21 –
		Köln 6.46 – Krefeld 7.48 – Nijmegen 9.10 –
		Utrecht 10.08 – **Amsterdam 10.38**
23.15	D 289	„Brenner-Express"
		Innsbruck 1.28 – Brenner 2.18 –
		Bozen 4.02 – Verona 6.00 –
		– Bologna 7.47 – Florenz 9.28 –
		Rom 13.05

„Zuerst besichtigen wir Mozarts Geburtshaus", sagt sie, „und dann gehen wir auf die Festung. Aber zu Fuß! Es gibt nämlich auch eine kleine Bahn dahin."

„Andrea", sagt Klaus, „du weißt doch immer alles. Warum heißt die Stadt eigentlich Salzburg und der Fluß Salzach? Hat das wirklich was mit Salz zu tun?"

„Natürlich! ‚Ach' ist ein alter Name für ‚Fluß', und ‚Salzach' ist ein Fluß, auf dem Salz transportiert wird. Die Stadt war früher reich, Salz war nämlich sehr teuer."

„Und heute ist sie berühmt, weil Mozart da gelebt hat, nicht?"

„Ja, aber nicht nur deshalb. Die Stadt ist einfach schön. Mozart hat übrigens nur bis 1781 in Salzburg gelebt, dann ist er nach Wien gezogen."

„Und wie alt war er da?"

„Das kannst du selbst ausrechnen. 1756 ist er geboren."

„Ich kann mir keine Jahreszahlen merken", sagt Martin. „Deshalb bin ich auch in Geschichte so schlecht."

In dieser Straße steht Mozarts Geburtshaus.

Die Wohnung liegt im dritten Stock.

Das ist die Küche.

Leopold Mozart mit seiner Tochter Maria Anna („Nannerl") und seinem Sohn Wolfgang Amadeus. Nannerl war damals 30 Jahre alt, Wolfgang 25. Das Gemälde über dem Klavier zeigt die verstorbene Mutter.

Aus Mozarts Leben

Mit sieben Jahren ist Wolfgang Amadeus Mozart ein hervorragender Pianist. Sein Vater macht mit ihm und seiner Schwester eine Reise, die drei Jahre dauert. Die Kinder spielen in Frankfurt, München, Brüssel, Paris, London und Den Haag.

Ein Jahr später komponiert Wolfgang seine ersten Sinfonien.

1781 zieht die Familie nach Wien, wo viele große Komponisten gelebt haben. Mozart stirbt im Jahre 1791.

18d Salzburger Nockerl

Nach der Besichtigung haben alle Hunger.

„Ich möchte gern eine österreichische Spezialität essen", sagt Klaus.
„Nein, nicht jetzt", sagt Andrea, „wir haben ja Butterbrote. Jetzt kaufen wir nur was zu trinken. Heute abend, zu Hause, mache ich Salzburger Nockerl."

Gisela möchte das Rezept haben.

„Klar, das kannst du abschreiben. Es sieht einfach aus, aber es ist nicht einfach. Man muß nämlich sehr schnell arbeiten!"

Man braucht:

6 Eiweiß	2 Eßlöffel Mehl
2 Eidotter	100 g Butter
2 Eßlöffel Staubzucker	etwas Salz

1. 6 Eiweiß mit etwas Salz zu Eierschnee schlagen.
2. 2 Eßlöffel Staubzucker dazugeben.
3. 2 Eßlöffel Mehl und zwei Eidotter ganz schnell unter den Schnee ziehen. Nicht rühren!
4. Eine Pfanne mit 100 g Butter heiß machen.
5. Die Masse in die heiße Butter tun und die Pfanne 7 – 10 Minuten in den Ofen tun.
6. Ganz schnell servieren!

1. Kennst du das Land, in dem du lebst?

a) Wie heißen die größten Städte?
b) Welche Flüsse gibt es?
c) Wie viele Einwohner hat dein Land?

2. Kennst du die Stadt, in der du wohnst?

a) Wie alt ist sie?
b) Wer hat sie gegründet?
c) Wie viele Einwohner hat sie?
d) Wie viele Kirchen hat sie?
e) Hat sie ein Museum?
f) Was gibt es da zu sehen?
g) Was für Spezialitäten gibt es zu essen?

3. Ein Freund aus dem Ausland besucht dich.

Du kannst ihn nicht abholen und schreibst ihm deshalb, wie er zu eurer Wohnung kommt. Was schreibst du?

a) Vom Bahnhof gehst Du zu Fuß bis …
b) Nimm den Bus …
c) Nimm die Bahn …
d) Wenn Du in die …straße kommst, dann ist unser Haus … …
e) Wir haben die Hausnummer … .

Zwölf große Sportvereine

VfL Bochum

①

Borussia Dortmund

②
③

④

Hertha BSC Berlin

⑤ ⑥
⑦
⑧

Fortuna Düsseldorf

⑨

⑩

Eintracht Braunschweig

⑪

⑫

HSV Hamburg

1. FC Kaiserslautern

F.C. Bayern

Werder Bremen

Eintracht Frankfurt

V.f.B. Stuttgart

1. FC Köln

Der letzte Abend

„Jetzt müssen alle helfen", sagt Frau Weber. „Wir gehen in die Küche und machen Salzburger Nockerl, und die Jungen decken im Wohnzimmer den Tisch. Wie ist das bei euch, Gisela, mußt du zu Hause auch helfen?"

„Natürlich! Ich helfe meiner Mutter in der Küche, und wir haben auch einen kleinen Garten."

„Und dein Bruder?"

„Der arbeitet ja jetzt den ganzen Tag, aber früher hat er natürlich auch geholfen, beim Geschirrspülen oder beim Einkaufen. Wir haben aber jetzt eine Spülmaschine."

„Also ich finde, der Martin tut nicht viel", sagt Andrea. „Und das finde ich nicht richtig. Der geht nachmittags zum Sport, und wenn er nach Hause kommt, haben wir schon alles gemacht."

„Na ja, richtig ist das sicher nicht. Aber du hilfst mir ja."

„Siehst du, Gisela", sagt Andrea, „so ist das bei uns."

„So, Kinder, jetzt sind wir gleich fertig. Seht doch mal, was die Jungen machen."

Gisela geht ins Wohnzimmer, und was machen die Jungen da? Die sitzen vor dem Fernsehapparat.

„Einen Augenblick noch", sagt Martin, „das Fußballspiel ist gleich zu Ende."

Keine Zeit für die Schule

Nach dem Essen sitzen alle noch einmal in Martins Zimmer zusammen. Sie hören Schallplatten und sprechen über die nächsten Sommerferien.

„Ich muß für die Schule arbeiten", sagt Martin. „Ich bin schlecht in den Sprachen. Wenn ich dann noch Zeit habe, mache ich eine Radtour nach Straßburg und probiere mein Französisch aus."
„Was hast du denn in Französisch?"
„Ach, frag nicht. Eine Fünf, natürlich."
„Aber in Musik ist er gut", sagt Andrea.
„Ja, Musik habe ich am liebsten."

Alle haben Sorgen mit der Schule, außer Andrea natürlich.

„Das ist ungerecht," sagt Martin. „Die Mädchen können immer alles besser."
„Quatsch. Wir arbeiten mehr. Du spielst Tischtennis, dann hörst du Radio, und abends willst du fernsehen. Nur für die Schule hast du keine Zeit."
„Das habe ich schon mal gehört", sagt Klaus. „Das sagt meine Mutter auch immer."

Martins Schulzeugnis

LEISTUNGEN:

Religion	*gut*	Biologie	*befriedigend*
Deutsch	*gut*	Geschichte	*ausreichend*
Englisch (1. Fremdsprache)	*befriedigend*	Erdkunde	*gut*
Latein (. Fremdsprache)		Sozialkunde	*gut*
Französisch (2. Fremdsprache)	*mangelhaft*	Kunst	*sehr gut*
Mathematik	*befriedigend*	Musik	*sehr gut*
Physik	*ausreichend*	Sport	*sehr gut*
Chemie	*ausreichend*		

Das Gästebuch

Andrea hat ein Gästebuch. Jeder, der sie besucht, muß etwas hineinschreiben.

„Wir machen ein Gedicht", schlägt Klaus vor. „Hast du einen Bleistift und ein Stück Papier? Jeder schreibt eine Zeile und gibt das Papier dann weiter."
„Gut, machen wir. Dann darfst du auch gleich anfangen."
„Also, die erste Zeile heißt – hm. Halt, ich weiß es. Wir müssen ja morgen nach Hause fahren. Also, die erste Zeile heißt:

‚Wir sagen jetzt Auf Wiedersehn!'

Hier, Gisela, jetzt bist du dran!"
„Was reimt sich denn auf ‚Wiedersehn'?"
„Zum Beispiel ‚schön', oder ‚wunderschön'."
„Still, nichts sagen!"

Wir sagen jetzt „Auf Wiedersehn"

Gisela hat eine schöne Handschrift. Sie schreibt das fertige Gedicht in Andreas Gästebuch.

„Das habt ihr gut gemacht! Vielen Dank!"

Wir sagen jetzt „Auf Wiedersehn!"
In München war es wunderschön.
Andrea kennt wirklich die ganze
Stadt,
sie weiß, woher Salzburg den
Namen hat.
Sie weiß, wie alt die Kirchen sind.
Andrea ist ein kluges Kind.
Wir müssen leider jetzt nach
Haus!

Der Thomas, Gisela und
Klaus

Liebe Frau Weber, lieber Herr Weber,

wir haben eine gute Fahrt nach Frankfurt gehabt. Um zwei Uhr waren wir am Bahnhof, und Thomas ist gleich nach Essen weitergefahren.

Jetzt möchte ich mich sehr herzlich bei Ihnen bedanken. Es war schön in München, wir haben sehr viel gesehen und viel Spaß gehabt. Hoffentlich können Andrea und Martin auch mal nach Frankfurt kommen.

Gestern haben meine Mutter und ich Salzburger Nockerl gemacht. Aber, ich glaube, wir haben etwas falsch gemacht. Bei Ihnen hat es besser geschmeckt.

Noch einmal vielen, vielen Dank und herzliche Grüße, auch von meinen Eltern,

Ihre
Gisela

Liebe Frau Weber,
es war sehr schön bei
Ihnen.
Vielen Dank und
herzliche Grüße
Ihr Klaus

Hamburg – Rathaus

Liebe Frau Weber,
es war sehr schön
bei Ihnen.
Noch einmal vielen
Dank.
Ihr Thomas

Essen – Grugapark

Dein Freund möchte Deutsch lernen. Er sagt:

Du, sag mal, ist das schwer?
Wie lange hast du jetzt schon Deutsch gelernt?
Kannst du einkaufen?
Weißt du, wie man fragt, was ein Cola kostet?
Kannst du fragen, wann die Züge und die Busse gehen?
Kannst du einen Fahrplan lesen?
Kannst du etwas über die Schule und deine Hobbys sagen?
Kannst du sagen, was du essen möchtest?

Und was antwortest du?
„Klar, Mann,
das kann ich alles!"

GRAMMATIK
AUFGABEN UND ÜBUNGEN

(1) Artikel und Pronomen

der bestimmte Artikel	das Personalpronomen	der unbestimmte Artikel
	ICH	
	Ich heiße	
	DU	
	Wie heißt du?	
DER (Maskulinum)	ER	EIN
Der Klaus kommt aus Hamburg.	Er kommt aus Hamburg.	
Der Wagen kommt aus Bonn.	Er kommt aus Bonn.	Ein Wagen aus Bonn.
DIE (Femininum)	SIE	EINE
Die Gisela kommt aus Frankfurt.	Sie kommt aus Frankfurt.	
Die Stadt heißt Kiel.	Sie heißt Kiel.	Eine Stadt in Deutschland.
DAS (Neutrum)	ES	EIN
Das Motorrad kommt aus München.	Es kommt aus München.	Ein Motorrad aus München.

(2) Wortstellung

Subjekt	Verb		
Klaus Sie	kommt heißt		aus Hamburg. Gisela.
		Subjekt	
Wo Wie	kommt heißt	Klaus sie?	her?

AUFGABEN UND ÜBUNGEN

1. a) Wie heißt du? – Ich ... b) Wo kommst du her? c) Kommst du aus Sydney? d) Wo kommt Thomas her? – Er ... e) Wo kommt Klaus her? f) Wo kommt Gisela her?

2. Wo kommt der Wagen her? – Der ...

2 **(3) Das Verb sein**

ich	bin	wir/sie	sind
du	bist	ihr	seid
er/sie/es	ist		

(4) Das Verb wohnen

ich	wohne	wir/sie	wohnen
du	wohnst	ihr	wohnt
er/sie/es	wohnt		

⑤ Wortstellung

Wer	ist	Klaus?
Wie viele Jungen	seid	ihr?
Wann	kommt	Herr Hansen?
Morgen	kommt	Herr Hansen.
Um neun	kommt	er.

AUFGABEN UND ÜBUNGEN

1. a) Wie heißt der Segellehrer? b) Wie heißt das Mädchen aus Frankfurt? – Es ... c) Wie heißt der Junge aus Hamburg? d) Wo wohnt Thomas? e) Wo wohnst du?

2. Wo wohnt John? – Er wohnt in London.
Wie heißt das Land? – Es heißt Großbritannien.

3 **(6)** Das Verb **wissen**

ich	**weiß**	wir / sie	wissen
du	**weißt**	ihr	wißt
er / sie	**weiß**		

(7) **Wortstellung**

Wie heißt er?	Ich weiß,		wie	er **heißt**.
	Ich weiß	nicht,	wie	er **heißt**.
			wie alt	er **ist**.
			wo	er **wohnt**.
			wer	der Segel-lehrer **ist**.
Was bedeutet das?	Ich weiß,		was	das **bedeutet**.
	Ich weiß	nicht,	was	das **bedeutet**.
	Weißt du,		was	das **bedeutet**?
			wie weit	es von Rom nach Paris **ist**?

(8) **Die Wochentage und die Tageszeiten**

morgens — vormittags — nachmittags — abends

Montag	am Montag (montags)
Dienstag	am Dienstag (dienstags)
Mittwoch	am Mittwoch (mittwochs)
Donnerstag	am Donnerstag (donnerstags)
Freitag	am Freitag (freitags)
Samstag (Sonnabend)	am Samstag (Sonnabend) (samstags, sonnabends)
Sonntag	am Sonntag (sonntags)

AUFGABEN UND ÜBUNGEN

1. Weiß Klaus, wie man einen Achtknoten macht? – Nein, er ...

2. Ist das einfach? – Ja, ...

3. Weißt du es? – Ja, ... (Nein, ...)

4. Weißt du, wie der Segellehrer heißt? – Ja, ich weiß, ...

5. Weißt du, wie man ein Flugzeug macht? – Ja, ich weiß, ... (Nein, ich weiß nicht ...)

6. Was ist heute? Heute ist ...

Montag Dienstag Freitag

7. Was ist morgen? Morgen ist ...

Mittwoch Donnerstag Samstag Sonntag

8. Haben die Jungen und Mädchen sonntags Unterricht? Nein, sonntags ...

9. Richtig oder falsch?

a) Von Amsterdam nach Brüssel sind es 12000 Kilometer.

b) Montags haben die Jungen und Mädchen frei.

c) Sonntags haben sie von 9 bis 12 Unterricht.

d) (**AUS**) bedeutet „Österreich".

e) Das Schild [🚗] bedeutet „Parkplatz".

f) Herr Hansen weiß nicht, wie man einen Achtknoten macht.

g) Die Jungen und Mädchen segeln morgens und nachmittags.

h) Abends haben sie Unterricht.

4 ⑨ Die Verben **machen, gehen** → ④

⑩ Das Verb **fahren**

ich	fahre	wir/sie	fahren
du	fährst	ihr	fahrt
er/sie	fährt		

⑪ Das Verb **haben**

ich	habe	wir/sie	haben
du	**hast**	ihr	habt
er/sie	**hat**		

⑫ Das Verb **können**

ich	kann	wir/sie	können
du	kannst	ihr	könnt
er/sie	kann		

⑬ **Der Akkusativ (1)**

der Hafen	Hat Langeland	einen	Hafen?
der Reisepaß	Hast du	einen	Reisepaß?
die Fähre	Gibt es hier	eine	Fähre?
die Segelschule	Gibt es hier	eine	Segelschule?
das Flugzeug	Gibt es hier	ein	Flugzeug?

126

Wohin fährt die Fähre?	Nach Bagenkop.
Wann fährt sie?	Um neun Uhr.
Wann ist sie da?	Um zwölf Uhr.
Wie lange dauert die Fahrt?	Drei Stunden.

AUFGABEN UND ÜBUNGEN

1. Was macht die Gruppe am Samstag? – Sie macht ...

2. Wohin fahren die Jungen und Mädchen? – Sie ...

3. Was ist Langeland?

4. Wann geht die Fähre?

5. Wie lange dauert die Fahrt?

6. Was kann man in Bagenkop machen? – Man kann ...

7. Hat Klaus einen Reisepaß? – Ja, ...

8. Wie spät ist es jetzt?
Es ist ...

9. Stimmt das?

Klaus, Thomas und Gisela haben am Montag frei. Um vier Uhr morgens machen sie einen Ausflug nach Hamburg. Hamburg ist eine Stadt in Dänemark.
Um zehn Uhr vormittags fahren sie wieder zurück. Abends müssen sie segeln.

Ja, das stimmt. (Nein, ...)

5 **(15)** ein-; kein-

der Wagen		
Habt ihr einen Wagen?	Ja, wir haben	**einen.**
	Nein, wir haben	**keinen.**
die Uhr		
Hast du eine Uhr?	Ja, ich habe	**eine.**
	Nein, ich habe	**keine.**
da**s** Fahrrad		
Hast du ein Fahrrad?	Ja, ich habe	**eins.**
	Nein, ich habe	**keins.**

(16) **Der Plural**

a) Ohne besondere Endung

der Einwohner	die Einwohner	der Lehrer	die Lehrer
Fußgänger	Fußgänger	Radfahrer	Radfahrer
Kilometer	Kilometer	Wagen	Wagen
Knoten	Knoten		
das Fischbrötchen		die Fischbrötchen	
Mädchen		Mädchen	
(Mädchen ist Neutrum!)			
Segel		Segel	

b) Ohne besondere Endung, aber mit Umlaut

der Hafen	die H**ä**fen

c) Mit **-e**

der Kiosk	die Kiosk**e**
Personalausweis	Personalausweis**e**
das Boot	die Boot**e**
Flugzeug	Flugzeug**e**
Jahr	Jahr**e**
Schiff	Schiff**e**
Telefon	Telefon**e**

d) Mit **-e** und Umlaut

der Ausflug	die Ausfl**üg**e	der Raum	die R**äum**e
Flug	Fl**üg**e	Reisepaß	Reisep**äss**e
Parkplatz	Parkpl**ätz**e	Stundenplan	Stundenpl**än**e
die Stadt	die St**ädt**e		
Bratwurst	Bratw**ürst**e		

e) Mit **-er**

| das Schild | die Schild**er** |

f) Mit **-er** und Umlaut

der Mann	die M**änn**er
das Fahrrad	die Fahrr**äd**er
Land	L**änd**er
Motorrad	Motorr**äd**er

g) Mit **-s**

| das Auto | die Auto**s** |

129

5

h) Mit -(e)n

der Buchstabe	die Buch-staben		
Junge	Jungen		
Name	Namen		
die Fähre	die Fähren	die Schule	die Schulen
Fahrt	Fahrten	Seemeile	Seemeilen
Familie	Familien	Seite	Seiten
Farbe	Farben	Straße	Straßen
Flagge	Flaggen	Stunde	Stunden
Gruppe	Gruppen	Tafel	Tafeln
Haus-nummer	Haus-nummern	Telefon-nummer	Telefon-nummern
Minute	Minuten	Zahl	Zahlen

(17) Zusammengesetzte Substantive

das Haus	+	die	Nummer	=	die	Hausnummer
das Telefon	+	die	Nummer	=	die	Telefonnummer
die See	+	der	Mann	=	der	Seemann

AUFGABEN UND ÜBUNGEN

1. Hast du Hunger? – Ja, ... (Nein, ich ...)

2. Was möchtest du essen? – Ich möchte ...

3. „Klaus, möchtest du ... Hamburger?"
„Nein", sagt Klaus, „ich möchte ... Bratwurst."

4. „Martin, gibt es in München einen Hafen?"
„In München? Nein, da gibt es ... ."

5. „Gisela, hast du eine Uhr?"
„Ja", sagt Gisela, „ich habe ... ."

130

6. „Klaus, hast du ein Fahrrad?"
Klaus hat ... , aber Thomas hat ... .

7. Stimmt das denn?

a) Der Kölner Dom ist 157 Meter breit.

b) Der Rhein ist 1 320 Kilometer hoch.
c) Der Eiffelturm ist 300 Meter lang.

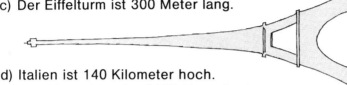

d) Italien ist 140 Kilometer hoch.
e) Das Matterhorn ist 4 478 Meter breit.
f) Ein Fußgänger fliegt 1 000 Kilometer in der Stunde.
g) Ein Radfahrer geht 6 Kilometer in der Stunde.
h) Ein Düsenflugzeug fährt 20 Knoten.
i) Ein Segelboot hat keinen Motor.
j) Hamburg hat keinen Hafen.
k) Das Wasser ist schwarz.
l) Die Sonne ist grün.
m) Auf der Straße von Gibraltar fährt kein Auto.

8. *machen, fahren, gehen, dauern, haben, möchten, sein*

Herr Hansen sagt: „Morgen ... wir einen Ausflug. Wir ... nach Bagenkop, das ... ein Hafen auf Langeland. Und Langeland ... eine Insel. Die Fähre ... um neun Uhr. Die Fahrt ... drei Stunden. Am Abend ... wir wieder zurück. ... ihr Personalausweise?"
Thomas ... einen, aber Klaus ... keinen. Aber er ... einen Reisepaß. Am Abend ... Gisela Hunger. Sie ... eine Bratwurst. Martin ... keinen Hunger. Er ... noch seekrank.

9. „Was möcht_ du, Gisela, ein Fischbrötchen?"
„Nein, danke, ich möcht_ einen Hamburger."
Martin möcht_ nichts. Er hat keinen Hunger.

6 **(18)** Die Verben **essen, lesen, nehmen**

ich	esse lese nehme	wir/sie	essen lesen nehmen
du	ißt liest nimmst	ihr	eßt lest nehmt
er/sie	ißt liest nimmt		

(19) Der Akkusativ (2)

Der unbestimmte und der bestimmte Artikel

ein Bus der Bus	Gibt es hier Nimmst du	einen den	Bus? Bus?

(20) Substantive mit -(e)n

	Singular		Plural	
Nom.	der	Junge Buchstabe Herr Name	die	Jungen Buchstaben Herren Namen
Akk.	den	Jungen Buchstaben Herrn Namen		

(21) zum

Kommt	**zum Hafen!**	(der Hafen)
Ich fahre	**zum Hauptbahnhof.**	(der Hauptbahnhof)
Sie geht	**zum Telefon.**	(das Telefon)

(22) morgen

Klaus kommt	**heute abend.**	
Ich komme	**morgen.**	
Sie fährt	**morgen nachmittag**	nach Hause.

AUFGABEN UND ÜBUNGEN

1. Kennst du den Jungen?
Klar, das ist doch der Klaus!

a) Kennst du ... Herrn?
Klar, das ist doch Herr Hansen!

b) ... ?
Klar, das ist doch Herr Meyer!

c) Kennst du ... Hafen?
Klar, das ist doch Bagenkop!

d) Kennst du ... Wagen?
Klar, das ist doch ein Mercedes!

6

2. *essen – lesen – nehmen*

Klaus … einen Hamburger.
Gisela … ein Fischbrötchen.
Thomas und Martin, was … ihr?
„Ich … eine Bratwurst", sagt Martin.

Gisela … den Fahrplan.
„Abends … ich", sagt Herr Meyer.
Kannst du den Fahrplan …?

Ich … den Bus um neun.
Thomas … den Zug von Frankfurt nach Essen.
Wir … ein Taxi zum Hauptbahnhof.

3. „Hallo, wie geht's?"
„Danke, gut. – Was machst du?"
„Nichts. – Doch, ich lese."
„Du, sag mal, kennst du die Gisela?"
„Klar."
„Weißt du, wo die jetzt ist? Die macht einen
Segelkurs in Kiel!"
„Prima! Das möchte ich auch!"
„Ich nicht. Ich habe Angst."

4. Am Telefon

Was sagt Gisela? Was sagt Herr Meyer?

9 Uhr

15 Uhr 30
Hauptbahnhof
Frankfurt

7 (23) „ein-, kein-" und die Possessivpronomen – Singular

d**er** Koffer								
Ist	das	ein	Koffer?	Ja,	das	ist	ein**er**.	Nom.
				Nein,	das	ist	kein**er**.	
Das	ist	mein	Koffer!		Das	ist	mein**er**!	
		dein					dein**er**!	
Hast	du	meinen	Koffer?		Hast	du	meinen?	Akk.
		deinen					deinen?	

die Tasche								
Ist	das	eine	Tasche?	Ja,	das	ist	eine.	
				Nein,	das	ist	keine.	Nom./Akk.
Das	ist	meine	Tasche!		Das	ist	meine!	

da**s** Buch								
Ist	das	ein	Buch?	Ja,	das	ist	ein**s**.	
				Nein,	das	ist	kein**s**.	Nom./Akk.
Das	ist	mein	Buch!		Das	ist	mein**s**!	
		dein					dein**s**!	

(24) **Plural**

Das sind	meine	Bücher.	Das	sind	meine.	Nom./Akk.
	deine				deine.	

(25) Die trennbaren Verben

mitfahren					
ich	fahre	mit	wir/sie	fahren	mit
du	fährst	mit	ihr	fahrt	mit
er/sie	fährt	mit			

Wortstellung

Fährst	du	mit?		Fahrt ihr	mit?
Kommst du		mit?			
Schreibst du					
die Adressen		ab?			
Kann	ich	mitfahren?			

(26) Der Imperativ

Nimm das Buch!   Nehmt das Buch!
Lies den Fahrplan!   Lest den Fahrplan!

Bring das Buch mit!   Bringt das Buch mit!
Schreib die Adresse ab! Schreibt die Adresse ab!

Warte bitte!

(27) Die Sie-Form

Herr Meyer, **haben Sie** keinen Hunger?
Herr Meyer, **können Sie** in Hamburg anhalten?

7 AUFGABEN UND ÜBUNGEN

1. Hast du meinen Bleistift?
Deinen Bleistift? Den habe ich nicht. Das hier ist meiner!

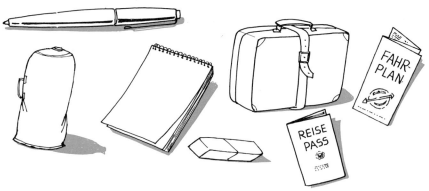

2. Wo ist denn meine Tasche? Hast du sie?
Deine Tasche habe ich nicht. Das hier ist meine!

3. Ist das dein Buch?
Das ist nicht meins.

4. Ich brauche einen Schreibblock.
Hier ist einer für 3,40 DM.
Der ist zu teuer.
Der hier kostet 1,80 DM.
Gut, den nehme ich.

a) Kugelschreiber (9,— / 3,—)
b) Bleistift (0,80 / 0,60)
c) Ansichtskarte (0,90 / 0,50)
d) Sonnenbrille (34,— / 18,—)

138

5. Kannst du einen Kugelschreiber mitbringen?
Gut, ich bringe einen mit.

    a) Bleistift b) Radiergummi c) Schreibblock d) Ansichtskarte

6. Gisela hat Hunger. Sie ... zum Kiosk.
„Ich ... ein Schinkenbrot", ... sie. „Wieviel ... das?"
„Eine Mark achtzig."
„Hier ... zehn Mark."
„Vielen Dank. Acht Mark zwanzig zurück."

7. Was fehlt hier?
Hier fehlt ...

8. Wer fehlt heute?
... fehlt heute.

9. Ich habe keinen Kugelschreiber.
... meinen!

    a) Fahrplan b) Radiergummi c) Schreibblock d) Bleistift

8 **(28)** Die Modalverben **wollen** und **müssen**

ich	will	muß	wir/sie	wollen	müssen
du	willst	mußt	ihr	wollt	müßt
er/sie	will	muß			

Ich will jetzt nach Hause. (= Ich will jetzt nach Hause gehen/fahren).
Ich muß zum Hauptbahnhof (gehen/fahren).

Wortstellung

	Bringst	du	ein	Cola	mit?
Ja, ich	kann		eins		mitbringen.
	Schreibst	du	die	Adressen	ab?
Ja, ich	kann				abschreiben.
	muß				
	will		sie		abschreiben.

(29) **wenn**

	Herr Meyer	fährt	90 km/h.		Der Wagen braucht 9 l.
Wenn	Herr Meyer		90 km/h	fährt,	braucht der Wagen 9 l.
	Willst du		das Museum	sehen?	Dann mußt du nach Hamburg fahren.
Wenn	du		das Museum	sehen willst,	mußt du nach Hamburg fahren.

AUFGABEN UND ÜBUNGEN

1. Erzähl mal!

a) Hat dein Vater einen Führerschein? – Ja, er hat ... (Nein, ...)
b) Und deine Mutter? Hat sie auch einen? – Ja, sie ... (Nein, ...)

c) Habt ihr ein Auto? – Ja, wir ... (Nein, ...)
d) Wenn ihr ein Auto habt: Ist es klein oder groß?
e) Wie schnell fährt es?
f) Wieviel Benzin braucht es auf hundert Kilometer?
g) Fährt dein Vater schnell? – Ja, ...
   (Nein, ... nicht ... .)
h) Und deine Mutter?

i) Fährt dein Vater gut?
j) Und deine Mutter?

2. Was gibt's hier zu sehen?
   Ich weiß nicht,
   was es hier zu sehen gibt.

   Was gibt's hier zu essen?
   Was gibt's hier zu trinken?
   Was gibt's hier zu lesen?
   Was gibt's hier zu lernen?

3. Wann mußt du nach Hause?
   Ich muß um sechs nach Hause.

   a) 10 Uhr 15 (zehn Uhr fünfzehn oder Viertel nach zehn)
   b) 19 Uhr 30 c) 18 Uhr 40 d) 13 Uhr 20 e) 15 Uhr 10 f) 14 Uhr 30
   g) 11 Uhr 25

4. Willst du jetzt lesen?
   Ja, ich will jetzt lesen.
   Nein, ich will jetzt nicht lesen.

   a) lernen b) essen c) nach Hause d) schreiben

5. Wenn du wissen willst, wann der Zug nach Frankfurt geht, dann mußt
   du im Fahrplan ... .

   Wenn du wissen willst, wieviel Benzin der Wagen braucht, dann
   mußt du Herrn Meyer ... .

   Wenn du wissen willst, was es in Hamburg zu sehen gibt, dann mußt
   du Klaus ... .

   Wenn man schnell ... , ... das viel Benzin.

9 (30) dürfen

ich, er/sie	darf	wir/sie	dürfen
du	darfst	ihr	dürft

(31) es

Was	gibt's	zu essen?	(= Was gibt **es** zu essen?)
Wie	geht's	euch?	(= Wie geht **es** euch?)
Wann	geht's	los?	(= Wann geht **es** los?)

(32) Der Dativ

Ich komme mit	**dem** Zug.	(der Zug)
	dem Flugzeug.	(das Flugzeug)
	der Bahn.	(die Bahn)

(33) wem?

Wem gehört denn die Rennbahn?	Die gehört **dem Andy**.
Wem gehört denn die Tasche?	Die gehört **der Gisela**.

AUFGABEN UND ÜBUNGEN

1. Darf man hier ...?

Nein, hier darf man nicht ... .
(Nein, hier darfst du nicht ... .)
(Nein, hier dürfen wir nicht ... .)

2. Fährst du mit … …?

   Herr Meyer fährt mit … … .

   Thomas fährt mit … … .

   Herr Hansen fährt mit … … .

   Martin fährt mit … Straßenbahn.

3. Wer spielt denn mit … …?

   Herr Meyer spielt mit … … .

   Andy spielt mit … … .

4. Wem gehört der Schlafsack?   Wem gehört die Tasche?
Der gehört dem Martin.   Die gehört der Gisela.

a) der Seesack – Klaus b) die Uhr – Gisela c) der Koffer – Martin
d) das Fahrrad – Thomas e) das Flugzeug – Andy

5. *an/rufen, hier/bleiben, ab/schreiben*

Darf ich meine Eltern anrufen?
Natürlich, ruf … … … … .
(Natürlich darfst du deine Eltern … .)

a) Darf ich hierbleiben? b) Kann ich mitfahren c) Muß ich das abschreiben?

6. Meistens spielt Giselas Vater mit … Rennbahn. Aber mit … Doppeldecker darf er nicht spielen. Der gehört … Andy. Gisela sagt: „…
dürfen wir nicht mal anfassen!"

9

7. Wissen Martins Eltern, wo er ist?
Nein, sie wissen nicht, wo er ist.

a) Weiß Martin, wo Onkel Georg ist? b) Weiß Martin, wo Onkel Georg wohnt? c) Weiß Martin, wie die Telefonnummer von Onkel Georg ist? d) Weiß Gisela, wer mit der Rennbahn spielt? e) Weißt du, woher Herr Meyer kommt? f) Weißt du, wie lange die Fahrt von Hamburg nach Frankfurt dauert?

8. Erzähl mal!

Was gibt's in Hamburg zu sehen?
Und in Frankfurt?
Was gibt's da zu sehen, wo du wohnst?

MUSEUM FÜR VÖLKERKUNDE

144

(34) Die Präpositionen **an – auf – in**

Wohin? Akkusativ		Wo? Dativ	
Wir fahren		Wir sind	
→	**an den** Rhein.	x	**am** Rhein.
			(am = an dem)
→	**an die** Ostsee.	x	**an der** Ostsee.
→	**ans** Meer. (ans = an das)	x	**am** Meer.
Wir gehen		Wir sind	
→	**auf den** Eiffelturm.	x	**auf dem** Eiffelturm.
→	**auf die** Fähre.	x	**auf der** Fähre.
→	**aufs** Schiff. (aufs = auf das)	x	**auf dem** Schiff.
Wir gehen		Wir sind	
→	**in den** Hauptbahnhof.	x	**im** Hauptbahnhof.
			(im = in dem)
→	**in die** Küche.	x	**in der** Küche.
→	**ins** Museum. (ins = in das)	x	**im** Museum.

(35) Die Präpositionen **durch** und **für**: **Akkusativ**

Wir fahren	**durch den** Hafen.
	die Stadt.
	das Gebirge.
Die Ansichtskarte ist	**für den** Segellehrer.
Das Schinkenbrot ist	**für** Herrn Meyer.

(36) Die Präpositionen **aus – bei – mit – nach – von – zu**: **Dativ**

Gisela kommt	**aus dem** Keller.
	der Küche.
Sie fährt	**mit dem** Bus.
	der Bahn.
Er kommt	**nach dem** Essen.
	der Schule.
Liest du	**beim** Frühstück? (beim = bei dem)
Kommst du	**vom** Unterricht? (vom = von dem)
Gehst du jetzt	**zum** Bahnhof? (zum = zu dem)
	zur Schule? (zur = zu der)

(37) **Der unbestimmte Artikel im Dativ**

In ein**em** Museum	in Hamburg steht ein Eskimo-Zelt.
An ein**em** Imbißstand	essen sie eine Bratwurst.
In ein**er** Raststätte	trinken sie ein Cola.

AUFGABEN UND ÜBUNGEN

1. Wer sitzt auf dem Fahrrad?
Martin sitzt ... ... Fahrrad.

2. Wer sitzt unter dem Tisch?
Bello sitzt ... ... Tisch.

3. In der Küche steht ein Tisch.
Auf dem Tisch steht eine Kanne.
In der Kanne ist Wasser.

4. ...... Küche steht ein Tisch.
...... Tisch steht eine Dose.
...... Dose ist Kaffee.

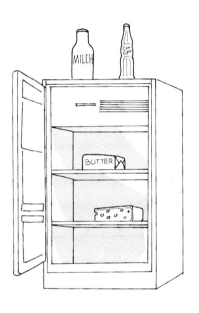

5. In der Küche steht ein Kühlschrank.
Auf dem Kühlschrank steht Milch.
In dem Kühlschrank ist Butter.

6. ...... Küche steht ein Kühlschrank.
...... Kühlschrank steht Cola.
...... Kühlschrank ist Käse.

7. Auf der Straße steht ein Auto.
In dem Auto sitzt Bello.

8. ...... Straße steht ein Bus.
.... sitzt Gisela.

147

Was siehst du hier?

einen Bus	ein Auto	eine Kirche
einen Hafen	ein Boot	eine Schule
einen Tisch	ein Fahrrad	eine Straße
	ein Flugzeug	(die) Luft
	ein Gebirge	
	ein Haus	
	(das) Wasser	

Und was noch? Einen Lehrer, einen Fluglehrer, einen Segellehrer, Männer, Frauen, Jungen, Mädchen.

	Akkusativ				Dativ	
	der	**das**	**die**		**der/das**	**die**
auf in unter	den	das (ins)	die		dem (im)	der
				aus mit zu	(zum)	(zur)

148

1. *in (in den; ins;*
   in die: Akkusativ)   Das Boot fährt ...... Hafen.
   Das Auto fährt ... Gebirge.
   Der Mann geht ... Haus.
   Der Junge geht ...... Schule.

2. *in (im; in der*: Dativ)   Der Mann sitzt ... Bus.
   Die Frau ist ... Haus.
   Der Fluglehrer sitzt ... Flugzeug.
   Der Segellehrer sitzt ... Boot.
   Der Mann ist ... Gebirge.
   Der Lehrer ist ...... Schule.
   Die Frau ist ...... Küche.
   Das Flugzeug ist ...... Luft.

3. *auf*   Das Gepäck ist ...... Bus.
   Der Junge sitzt ...... Fahrrad.
   Der Kaffee steht ...... Tisch.
   Das Boot ist ...... Wasser.
   Das Auto ist ...... Straße.

4. *unter*   Die Kirche ist ...... Flugzeug.
   Bello sitzt ...... Tisch.

5. *aus*   Der Junge kommt ...... Haus.
   Die Frau kommt ...... Bus.
   Der Junge kommt ...... Schule.

6. *mit*   Der Junge fährt ...... Fahrrad.
   Der Mann fährt ...... Auto.
   Der Junge spielt ...... Rennbahn.

7. *zu (zum; zur)*   Der Junge geht ... Bus.
   Das Mädchen geht ... Schule.

11 ㊳ Das Präteritum von **sein**

ich, er / sie	war		wir / sie	waren
du	warst		ihr	wart

㊴ **Das Perfekt**

ich habe		ich bin	
gearbeitet	(arbeiten)	geblieben	(bleiben)
gedacht	(denken)	gegangen	(gehen)
gegessen	(essen)	gefahren	(fahren)
gefunden	(finden)	geflogen	(fliegen)
gegrüßt	(grüßen)	gekommen	(kommen)
gehabt	(haben)		
gekauft	(kaufen)		
gelacht	(lachen)		
gelernt	(lernen)		
gelesen	(lesen)		
gemacht	(machen)		
genommen	(nehmen)		
geredet	(reden)		
gesagt	(sagen)		
gesehen	(sehen)		
geschrieben	(schreiben)		
gespielt	(spielen)		
getrunken	(trinken)		
gewußt	(wissen)		

㊵ Die Verben **arbeiten, finden, reden**

ich	arbeite	finde	rede	wir / sie	arbeiten	finden	reden
du	arbeitest	findest	redest	ihr	arbeitet	findet	redet
er / sie	arbeitet	findet	redet				

AUFGABEN UND ÜBUNGEN

1. Hast du schon mal ein Comic-Heft gekauft? – Nein, ich habe noch
nie ... (Ja, ich habe schon mal ein ...)

2. Wie teuer war das?
Das hat ... gekostet.

3. Hast du schon mal einen Bleistift gekauft?
Wie teuer war der?
Der hat ...

4. Hast du schon mal ein Segelflugzeug gesehen?
Wo war das?
Das ...

5. Hast du schon mal ein Museum besichtigt?
Wo ...?

6. Wo warst du in den Ferien?
In den Ferien ...

7. Wie war das Wetter?
.... prima. (schlecht)

8. Bist du schon mal mit der Straßenbahn gefahren?
Wo ......?

9. Bist du schon mal
mit einem Motorrad gefahren?
War das gefährlich?

11

10. Martin erzählt

In den Ferien ... ich an der Ostsee. Da ... ich segeln gelernt. Dann ... ich mit Giselas Vater nach Frankfurt gefahren. Da ... ich drei Tage geblieben. Abends ... ich mit Andys Rennbahn gespielt. Am Sonntag ... wir in die Rhön gefahren. Da ... ich mit dem Fluglehrer geflogen.

Am Montag ... ich mit der Straßenbahn zum Bahnhof gefahren. Am Kiosk ... ich drei Comic-Hefte gekauft. Dann ... ich mit dem Zug nach München gefahren.

Mein Vater ... mit dem Auto am Bahnhof. Wir ... zusammen nach Hause gefahren. Die Ferien ... prima, das Wetter ... nämlich auch sehr gut.

11. Frau Weber sagt

Der Martin ... in den Ferien an der Ostsee. Dann ... er nach Frankfurt gefahren, da ... er bei Familie Meyer geblieben. Am Sonntag ... er mit Andy und Gisela in die Rhön gefahren, und da ... er mit dem Fluglehrer geflogen. Er sagt, das ... nicht gefährlich, aber ich glaube das nicht. Und ich ... gedacht, die besichtigen in Frankfurt das Goethe-Haus.

12. Martin und Andrea

Oh, du hast Comic-Hefte! Hast du die schon ...?
Ja, die ... ich schon ... . Die kannst du haben.
Wieviel haben die ... ?
Die ... sehr teuer, die ... ich nämlich am Bahnhof ..., da ist alles teuer.
Du bekommst sie zurück, wenn ich sie ... habe.

13. Martin, Martin – was erzählst du da?!

Also, sagt Martin, in den Ferien bin ich mit der Straßenbahn nach Kiel gefahren. Das ist nicht weit, die Fahrt dauert nur eine halbe Stunde.

Der Segellehrer, Herr Meyer aus Frankfurt, hat gesagt: Segeln ist gefährlich. Hast du einen Fallschirm? – Nein, habe ich gesagt. – Gut, hat Herr Meyer gesagt, geh zum Kiosk und kauf einen. Und dann kommst du gleich zum Hafen, da ist die Fähre, die heißt „Seeteufel". Wir fliegen dann in die Rhön, das ist eine Stadt in Dänemark. Wir fahren dann morgen mit dem Fahrrad zurück, das dauert nur dreiundzwanzig Stunden.

In Hamburg habe ich das Goethe-Haus besichtigt, das ist ein Wolkenkratzer, dreihundert Meter hoch.

In Frankfurt habe ich bei Onkel Georg geschlafen. Du kennst doch Onkel Georg, der spielt immer mit dem Doppeldecker.

Ja, und dann bin ich nach München geflogen. In Frankfurt am Hauptbahnhof habe ich eine Schwimmweste gekauft, und im Flugzeug habe ich ein Deutschbuch gelesen.

Also, die Ferien waren prima, das Wetter war nämlich schlecht.

12 (41) Das Adjektiv

		der Wagen	das Fahrrad	die Tasche	
der **das**	neue	🚗	🚲		Nom. M. Nom./Akk. N.
ein **mein**	neue	r 🚗	s 🚲		Nom. M. Nom./Akk. N.
die **eine** **meine**	neue			👜	Nom./Akk. F.
den **einen** **meinen**	neuen	🚗			Akk. M.
dem **einem** **meinem**	neuen	🚗	🚲		Dat. M./N.
der **einer** **meiner**	neuen			👜	Dat. F.
die **meine**	neuen	🚗🚗	🚲🚲	👜👜	Nom./Akk. M., F., N.
den **meinen**	neuen	🚗🚗	🚲🚲 n*	👜👜	Dat. M., F., N.

*Im Dativ Plural hat das Substantiv die Endung **-n**.

–	neue	🚗🚗	🚲🚲	👜👜	Nom./Akk. M., F., N.

1. Habt ihr einen neuen Wagen?
Nein, wir haben keinen ... .

Hast du ein neues Fahrrad?
Nein, ich habe kein ... .

Hat Gisela eine neue Tasche?
Nein, sie hat keine ... .

2. Gehört der schwarze Wagen deinem Vater?
Nein, wir haben einen rot_ .

Gehört der blaue Reisepaß Gisela?
Nein, sie hat einen grün_ .

Gehört das weiße Fahrrad Martin?
Nein, er hat ein schwarz_ .

Gehört die rote Tasche Andrea?
Nein, sie hat eine blau_ .

3. *alt – neu; groß – klein*

Fahrt ihr mit einem neuen Bus?
Nein, wir fahren mit einem ... .

Habt ihr ein neues Haus?
Nein, wir wohnen in einem ... .

Kommst du aus einer großen Stadt?
Nein, ich komme aus einer ... .

4. Wo möchtest du wohnen?

In einem modern_ Bungalow.
In einem alt_ Schloß.
In einer gemütlich_ Pension.
An der schön_ Ostsee.
An der blau_ Adria.

5. Wo steht denn der Kaffee?
Auf dem klein_ Tisch.

Wo ist denn die Butter?
In dem groß_ Kühlschrank.

6. Was hast du gekauft?

Einen billig_ Plattenspieler.
Ein neu_ Fahrrad.
Eine schön_ Platte.

7. Hast du meinen neu_ Plattenspieler schon gesehen?

Hast du mein neu_ Fahrrad schon gesehen?

Hast du meine neu_ Platte schon gehört?

8. Stimmt das denn?

Claudia war in den Ferien in einem neuen Schloß an der Adria.
Axel war in einem alten Krankenhaus in Spanien.
Frank war in einer modernen Pension in Holland.
In Italien ist immer schlechtes Wetter.
Ein gutes Fahrrad ist sehr billig.

9. Axel ... im Krankenhaus viele Bücher ... . Christian ... einen neuen
Plattenspieler ... . Matthias ... schönes Wetter ... . Thomas ... die
neue Platte noch nicht ... . Frank ... zwanzig alte Kirchen ... .
Matthias ... Windsurfen ... . Axel ... Blinddarmentzündung ... .
Christian ... in den Ferien ... .

13 (42) Die Ordinalzahlen

der, die, das	**erste**	sechste	zwanzigste
	zweite	sieb(en)te	dreißigste
	dritte	**achte**	vierzigste
	vierte	neunte	
	fünfte	zehnte	hundertste

am ersten, zweiten, zwanzigsten

(43) Die Steigerung

	Komparativ	Superlativ
klein	kleiner	der, die, das kleinste
groß	größer	größte
hoch	höher	höchste
niedrig	niedriger	niedrigste
lang	länger	längste

jung	jünger		jüngste
alt	älter		älteste
modern	moderner		modernste
schön	schöner		schönste
gut	besser		beste

so	klein wie	kleiner als

---

(44) **Was für ein–?** **welcher – welche – welches;**
dieser – diese – dieses

Was für ein Fahrrad kaufst du?	Ein Rennrad.
Hier sind zwei Rennräder. **Welches** nimmst du?	**Dieses**.

AUFGABEN UND ÜBUNGEN

1. Waren die Leute früher kleiner
   oder größer als heute?

   Sie waren ....

   Ist die Schweiz kleiner oder größer als Amerika?
   Sie ist ....

   Ist Andy jünger oder älter als Gisela?
   Er ist ....

   Ist der Eiffelturm höher oder niedriger als der Kölner Dom?
   ....

   Liegt Schuls niedriger oder höher als Sent?
   Es liegt ....

13

2. Wer fährt besser, Martin oder Andrea?
Andrea fährt ... ... Martin.

Wo ist das Wetter besser, in Holland oder in Italien?
In ... ist das Wetter ... ...

3. Was findet Martin schöner, ein Bauernhaus oder ein Hotel?
Er findet ein ... ... ein Hotel.

Was findest du schöner, ein altes Schloß oder ein modernes Hotel?
Ich finde ein ... ... schöner als ... ...

4. Wie hoch ist der höchste Berg? ... ... fast 3 000 m.
Wie lang ist die längste Abfahrt? ... ... 12 km.
Wie heißt der höchste Berg? ... ... Champatsch.

5. Monika möchte nach Schuls fahren. Andrea schreibt eine Karte:

> *Liebe Monika,*
> *nimm den Bus um sieben Uhr morgens. Der ist um elf Uhr in Schuls.*
> *Ich bin aber um elf auf dem Champatsch, das ist hier der höchste Berg.*
> *Du nimmst ...*

Was schreibt Andrea? (die Gondelbahn; den Lift)

6. Monika liest die Karte. Sie sagt:

Andrea hat geschrieben, ich soll

...  ... 7 Uhr nehmen;

dann soll ich

...  ...;

dann soll ich

...  ...;

dann bin ich um halb eins auf dem Champatsch, und da ist Andrea.

(45) Die Possessivpronomen

mein	Vater	Zimmer	meine	Schwester
dein			deine	
sein/ihr			seine/ihre	
unser			unsere	
euer			eure	
ihr/Ihr			ihre/Ihre	

(46) ihr – euch

Kommt **ihr** zu meinem Geburtstag?   Ich zeige **euch** München.

AUFGABEN UND ÜBUNGEN

1. Das ist sein Fahrrad.
Das ist ihr Fahrrad.

Das ist sein Wagen.
Das ist ihr Wagen.

Das ist unser Haus.
Das ist unsere Straße.

Ist das euer Haus?
Das sind Gisela und Andy. Und das ist ihr Haus.

2. Hat dein Freund ein Fahrrad?
Darfst du mit seinem Fahrrad fahren?

Hat deine Freundin ein Fahrrad?
Darfst du mit ihrem Fahrrad fahren?

3. Hat dein Vater einen Wagen?
Darf deine Mutter mit seinem Wagen fahren?

Hat deine Mutter einen Wagen?
Darf dein Vater mit ihrem Wagen fahren?

14

4. Wann hast du Geburtstag?
Ich habe am ... Geburtstag.

Wen lädst du zu deinem Geburtstag ein?
Zu mein_ Geburtstag lade ich mein_ Freunde und Freundinnen ein.

5. Hast du schon mal eine Party gemacht?
Wen hast du zu deiner Party eingeladen?
Zu mein_ Party habe ich meine Freunde eingeladen.
Wie viele waren das?

Das waren ... Jungen und ... Mädchen.

6. Ist das euer Haus?
Ja, das ist ... .

Wer wohnt in eurem Haus?
In unser_ Haus wohnt ...

7. Martin trifft beim Skifahren einen Freund.

Ich bin mit meinen Eltern hier, und du?
Ich bin mit mein_ Mutter und mein_ Bruder hier. Mein Vater hat
keine Zeit, der muß arbeiten. Aber wir haben sein_ Wagen.
Darfst du den fahren?
Natürlich nicht. Ich habe doch keinen Führerschein.

8. Wann ist Weihnachten? – Im Dezember.
Weihnachten ist am 25. Dezember.

Wann ist Silvester? – Auch im Dezember.
Silvester ist am 31. Dezember.

Wann ist Neujahr? – Im Januar.
Neujahr ist am 1. Januar.

> Januar – Februar – März – April – Mai – Juni – Juli – August
> September – Oktober – November – Dezember

9. Wann hat deine Mutter Geburtstag?
Meine Mutter hat am ... ... Geburtstag.
Wann hat dein Vater Geburtstag?
Mein Vater ...

10. Party bei Thomas

Christian kommt mit sein_ neuen Fahrrad und bringt sein_ neuen
Plattenspieler mit. Sein_ Freundin Claudia bringt ihr_ neue LP mit.
Frank bringt sein_ Fotos aus Spanien mit.
Micha und Hans bringen ihr_ Fotos aus Holland mit.

11. Kennt ihr das Deutsche Museum? Nein?
Das zeige ich euch.

Habt ihr keinen Fahrplan?
Ich gebe ... einen.

Heute habe ich keine Zeit.
Morgen komme ich zu ... .

Diese Schallplatte gehört		mir	(Das ist meine.)
Ich wünsche		eine Schall-platte.	(Ich habe keine.)
Diese Tasche gehört		dir	(Das ist deine.)
Du wünschst		eine Tasche.	(Du hast keine.)
Dieses Buch gehört	ihm		(Das ist seins.)
Er wünscht	sich	ein Buch.	(Er hat keins.)
Dieses Fahrrad gehört	ihr		(Das ist ihrs.)
Sie wünscht	sich	ein Fahrrad.	(Sie hat keins.)
Dieses Haus gehört		uns	(Das ist unseres.)
Wir wünschen		ein Haus.	(Wir haben keins.)
Dieser Wagen gehört		euch	(Das ist eurer.)
Ihr wünscht		einen Wagen.	(Ihr habt keinen.)
Diese Rennbahn gehört	ihnen		(Das ist ihre.)
Sie wünschen	sich	eine Rennbahn.	(Sie haben keine.)

Ebenso: **sich an/sehen** (Ich sehe mir das Museum an.)
 sich kaufen (Ich kaufe mir ein Mofa.)

AUFGABEN UND ÜBUNGEN

1. Wofür interessiert sich Gisela? Sie ...
 Und Klaus?
 Und Andrea, wofür interessiert die sich?
 Und du, wofür interessierst du dich?

2. Bist du schon mal per Anhalter gefahren?
Wohin?
War das einfach?
Hat gleich der erste Autofahrer angehalten?
Ja, gleich der erste …
Nein, der (zweite, dritte, …) …
Es hat überhaupt keiner …
Waren deine Eltern damit einverstanden?
Ja, sie waren …
Nein, sie waren nicht …
Ich habe es gar nicht erzählt.

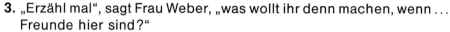

3. „Erzähl mal", sagt Frau Weber, „was wollt ihr denn machen, wenn …
Freunde hier sind?"
„Alle wollen … Deutsche Museum", sagt Andrea. „Klaus will …
Schloß Neuschwanstein … , Gisela und ich gehen … Schloß
Nymphenburg, und dann wollen wir … Salzburg. Aber nicht per
Anhalter, wir fahren mit … Zug."
„Und das alles … drei Tagen?" sagt Frau Weber.

4. Was wünscht Martin sich zum Geburtstag?
Er wünscht …
Bekommt er das, was er … … … ?
Nein, er bekommt nicht das, …
Weißt du, was Andrea sich zum Geburtstag wünscht?
Sie wünscht …
Und du, was wünschst du dir zum Geburtstag?
Ich wünsche …

5. Wann wünscht man sich etwas?

Man … … … … Geburtstag.
… … … … zum Namenstag.

… … … … zu Weihnachten.

6. Wann bekommst du das größte Geschenk, zum Geburtstag oder zu Weihnachten?
   Das größte Geschenk bekomme ich ...

7. Frag deine Freunde, was sie sich zum Geburtstag wünschen!
   Ist es was zum ...?
   Hat es was mit ... zu tun?
   Kann ... das hier kaufen?
   Ist es groß oder ..., teuer oder ...?
   Hat es was mit ... zu tun?
   Hat es was mit ... zu tun?
   Habe ich das, ... du ... wünschst?
   Brauchst du das in ... Zimmer?
   Hat es was mit ... Schule zu tun?

8. In welchem Stock ist ... Wohnung?
   Wohnst du gern im ... Stock?
   Was kann man von eurer Wohnung sehen?

9. Hast du schon mal Geld verdient?
   Wieviel?
   Was hast du dir dafür gekauft?

16 **(48)** **Personalpronomen im Akkusativ**

Ich finde das nicht interessant.	Das interessiert **mich** nicht.
Und **du**?	Interessiert **dich** das?
Und **er**?	Interessiert **ihn** das?
Und **sie**?	Interessiert **sie** das?

(49) Das Präteritum von **dürfen, können** und **müssen**

ich	durfte	konnte	mußte	wir/sie	durften	konnten	mußten
du	durftest	konntest	mußtest	ihr	durftet	konntet	mußtet
er/sie	durfte	konnte	mußte				

AUFGABEN UND ÜBUNGEN

1. Wo arbeitet der Vater von Klaus?
Er ... ... Lufthansa.

Mit wem hat er gesprochen?
Er hat ... ... gesprochen.

Was hat er gesagt?
Er hat gesagt: „... Klaus ... Cockpit?"

Was hat der Kapitän gesagt?
Er hat gesagt: „Ja, ..."

Was fragt die Stewardeß?
Sie fragt: „... ... ... ?"

2. Wie ist das Wetter, schön oder schlecht?
... ...
Wie hoch fliegt die Maschine?
Was ist unten zu sehen?
Unten sind nur ... zu sehen.
Wie heißt das wichtigste Instrument
im Flugzeug?
Das ... ... Kompaß.

3. Was fragt Klaus den Kapitän?

Wie ... Sie den Weg?
Können ... ... das erklären?
Fliegen ... geradeaus von Hamburg nach München?
Woher wissen ... , wie das Wetter in München ist?
Wie hoch ... ... ?
Wie weit ... ... von Hamburg ... München?
Wie schnell ... ... ?

4. Wer sagt dem Kapitän, wie hoch er fliegen soll?
Die Fluglotsen sagen ihm, ...
Was will Klaus gerade machen?
Er will gerade anfangen zu ... .

Wer kommt zu ihm?
Die Stewardeß ... ...

16

5. *mich – mir*
Klaus sagt: „Können Sie ... erklären, wie Sie den Weg finden? Das interessiert ... am meisten. Und dann interessiert ... noch, wie schnell Sie fliegen. Können Sie ... auch sagen, wann wir in München sind?
Und können Sie ... bitte sagen, wo wir jetzt gerade sind? Wissen Sie, Erdkunde hat ... nie interessiert, aber jetzt finde ich sie doch ganz interessant. Ich möchte gern wissen, wie die Navigation funktioniert. Können Sie ... das auch erklären?"

6. Was meinst du, ist das wichtig, was man in der Schule lernt?
Ich finde alles sehr wichtig. Ich finde, das meiste ist wichtig.
Ich finde, was man in der Schule lernt, ist nicht wichtig.

7. Was meinen deine Eltern?
Meine Mutter ...   Mein Vater meint ...

8. *dich – dir; mich – mir*
Klaus erzählt: „Ich kann ... jetzt erklären, wie die Navigation funktioniert, wenn es ... interessiert. Ich kann ... auch sagen, wie der Kapitän den Weg findet. Er hat ... das ganz genau erklärt. In der Schule hat ... das nicht interessiert. Und du, interessierst du ... für Erdkunde? Kannst du ... sagen, wieviel Grad der Kompaß hat? Also, gestern konnte ich das auch noch nicht. Aber im Cockpit durfte ich ... das alles ansehen. Du, ich sage ... , das ist sehr interessant. – Vielen Dank auch, daß du ... abholst."

9. *durfte – konnte – mußte*
Martin und Klaus sitzen im Bus. Jetzt erzählt Martin:
„Du weißt doch, nach dem Segelkurs in Kiel bin ich mit Gisela und ihrem Vater nach Frankfurt gefahren. Du, das war Klasse. Mein Onkel war nicht zu Hause, und ich ... bei Giselas Eltern im Hobbyraum schlafen.
Giselas Bruder, Andy heißt er, hat eine Rennbahn, mit der ... ich spielen. Und dann ... wir mitfahren in die Rhön, der Andy ist nämlich Segelflieger. Andy ... uns nicht mitnehmen, aber wir ... mit dem Fluglehrer fliegen.
Am nächsten Tag ... ich dann nach Hause fahren."

50 **Die Personalpronomen – Dativ und Akkusativ – Übersicht**

		Wem?			Wen?
Diese Schallplatte kaufe	ich	mir.	Die interessiert		mich.
Diese Comics kaufst	du	dir?	Die interessieren		dich?
Dieses Buch kauft **er sich**. Das gefällt		ihm.	Das interessiert		ihn.
Dieses Buch kauft **sie sich**. Das gefällt		ihr.	Das interessiert		sie.
Dieses Foto kaufen	wir	uns.	Das interessiert		uns.
Das kauft	ihr	euch?	Das interessiert		euch?
Das kaufen **sie sich**. Das gefällt		ihnen.	Das interessiert		sie.

51 **Das Adverb**

	Komparativ	Superlativ
interessant	interessanter	am interessantesten
viel	mehr	am meisten
gut	besser	am besten

Was findest du **am interessantesten**?
Was interessiert dich **am meisten**?
Was hat dir **am besten** gefallen?

AUFGABEN UND ÜBUNGEN

1. Schau mal auf den Stadtplan!

Wo geht's zum Hauptbahnhof?
Wo geht's zur Frauenkirche?
Wo geht's zum Marienplatz?
(Wie kommt man ...... ?)

17

2. Wo kann ich dich treffen?
Du kannst mich um zwölf am Hauptbahnhof treffen.

Wo treffen wir uns?
Wir treffen uns um zwölf am Hauptbahnhof.

a) 16 Uhr 45 – Frauenkirche b) 10 Uhr 20 – Marienplatz
c) 11 Uhr 30 – Museumsinsel d) 14 Uhr 15 – Stadtzentrum
e) 17 Uhr 40 – Deutsches Museum f) heute nachmittag – Patentamt

3. Siehst du dir die Frauenkirche an?
Ja, die sehe ich mir an. Die interessiert mich.

a) Siehst du dir das Rathaus an? b) Seht ihr euch das Deutsche
Museum an? c) Sieht er sich den Hauptbahnhof an? d) Sehen wir
uns das Patentamt an? e) Sieht sie sich die Frauenkirche an?

4. Gehst du mit mir? – Ich gehe gern mit dir!

a) Geht ihr mit uns? b) Gehst du mit ihm? c) Geht er mit ihr? d) Geht
sie mit ihm? e) Geht ihr mit ihm? f) Geht sie mit uns?

5. Kannst du mir das Museum zeigen?
Natürlich kann ich dir das zeigen.
(Das habe ich dir doch schon gezeigt!)

a) Kann er uns den Hauptbahnhof zeigen? b) Kann sie ihm das
Patentamt zeigen? c) Könnt ihr uns die Frauenkirche zeigen?
d) Kannst du mir das Rathaus zeigen?

6. Verstehst du was von Flugzeugen?
Davon verstehe ich nicht viel. Die interessieren mich nicht.

a) Versteht er was von Autos? b) Versteht sie was von Sport?
c) Versteht ihr was von Musikinstrumenten? d) Verstehst du was
von Technik?

7. Was sollen wir jetzt machen?
Ich schlage vor, daß wir jetzt essen.

a) nach Hause gehen b) in die Stadt fahren c) die Frauenkirche
besichtigen d) etwas trinken e) Klaus anrufen f) einen Stadtplan
kaufen

168

8. Du warst doch gestern im Deutschen Museum, nicht?
Was hat dir denn am besten gefallen? Sieh dir die Seiten 102 und
103 an!
Mir hat am besten ... ... gefallen.

9. Möchtest du mit dem Fahrrad aus dem
Jahre 1881 fahren?
Ja, gern.
Nein, meins ist schöner.

Möchtest du mit dem Motorrad aus
dem Jahre 1885 fahren?
Nein, die modern_ sind schnell_ .

Möchtest du mit dem Auto aus dem
Jahre 1886 fahren?
Wieviel Benzin ... das denn?

Möchtest du mit dem Flugzeug
von Blériot fliegen?
O nein! Ich habe ... . Das ist zu ... .

Möchtest du mit der Schreibmaschine
von Peter Mitterhofer schreiben?
Ich kann gar nicht Schreibmaschine
... .

Möchtest du mit dem Telefon von
Philipp Reis telefonieren?
Ja, ... das denn noch?

10. Stimmt das denn?

1863 hat Peter Mitterhofer das erste Fahrrad gebaut.
1909 ist Carl Benz über den Ärmelkanal geflogen.
1866 hat Daimler das erste Telefon gebaut.
1881 hat Blériot die erste Schreibmaschine gebaut.

18 (52) Verben mit dem Dativ

antworten	Warum antwortest du **mir** nicht?
gefallen	Was hat **dir** am besten gefallen?
gehören	**Wem** gehört die Schallplatte?
es geht	Wie geht's **dir**?
helfen	Ich helfe **dir**.
sich an/sehen	Ich sehr **mir** das Schloß an.
sich kaufen	Ich kaufe **mir** ein Mofa.
sich merken	Jahreszahlen kann ich **mir** nicht merken.
sich wünschen	Ich wünsche **mir** eine Schallplatte.

(53) Verben mit dem Akkusativ

brauchen	Brauchst du **eine Fahrkarte**?
finden	Hast du **die Tasche** gefunden?
haben	Wir haben **keinen Wagen**.
holen	Ich hole **das Frühstück**.
interessieren	Dieses Buch interessiert **mich**.
kennen	Kennst du **das Schild** hier?
lesen	Ich lese gern **Comics**.
möchten	Ich möchte **einen Hamburger**.
sich interessieren	Interessierst du **dich** für Flugzeuge?

(54) Der Satz

Warum fahrt ihr nach Salzburg?	Weil	wir die Stadt besichtigen **wollen**.
Wir fahren nach Salzburg,	weil	wir die Stadt besichtigen **wollen**.
Wann geht's los?	Wenn	wir gegessen **haben**.
Es geht los,	wenn	wir gegessen **haben**.

170

Ich schlage vor,	**daß**	wir das Mozarthaus **besichtigen**.
Weißt du,	**wo**	Salzburg **liegt**?
	wie	alt die Stadt **ist**?
	was	man alles besichtigen **kann**?
Das ist der Wagen,	der	schon zwölf Jahre alt **ist**.
Das ist die Gruppe,	die	nach Salzburg **fährt**.
Das ist das Flugzeug,	das	gerade landen **will**.

18

AUFGABEN UND ÜBUNGEN

1. *warum – weil*

Salzburg ist berühmt. Mozart hat da gelebt.
Warum ist Salzburg berühmt? — Weil Mozart da gelebt hat.

Carl Benz ist berühmt. Er hat das erste Auto gebaut.
Warum ist ....? — Weil er .... gebaut hat.

Frankfurt nennt man „Main-Manhattan". Es gibt da viele Wolkenkratzer.
Warum nennt man ......? — Weil es da ....

Martin ist schlecht in Geschichte. Er kann sich keine Jahreszahlen
merken. Warum ...?

Andrea fährt oft nach Salzburg. Die Stadt gefällt ihr. Warum ...?

2. Gisela schreibt eine Karte an ihre Eltern:

> *Liebe Mutti, lieber Vati,*
> *wir sind jetzt .... Die Stadt ... mir sehr gut. Es gibt hier viele ...,*
> *und über ... Stadt ist eine ... . Die wollen wir gleich .... Wir ... zu*
> *Fuß, es ist nicht .... Andrea hat uns schon ...... gezeigt, das war sehr*
> *interessant. Habt Ihr gewußt, ... er schon mit acht Jahren Sinfonien ...*
> *hat? Schade, ... wir heute schon wieder zurückfahren müssen.*
> *Viele Grüße   Eure Gisela*

Was schreibt Gisela? Sieh dir Seite 106 an!

18 **3.** Welche Komponisten kennst du? Wann haben sie gelebt?
(Von ... bis ...)

Johann Sebastian Bach
(1685 – 1750)

Georg Friedrich Händel
(1685 – 1759)

Joseph Haydn
(1732 – 1809)

Ludwig van Beethoven
(1770 – 1827)

Franz Schubert
(1797 – 1828)

Robert Schumann
(1810 – 1856)

Felix Mendelssohn
Bartholdy
(1809 – 1847)

Johannes Brahms
(1833 – 1897)

Richard Wagner
(1813 – 1883)

19

(55) **doch**

1.

Hilfst du in der Küche? **Nein**, ich helfe nie.

Was, du hilfst **nicht**
in der Küche? **Doch**, ich helfe immer in der Küche.

Du schreibst **nie**. **Doch**, ich habe zu Weihnachten geschrieben.

2.
Liest du Comics? Na klar, die sind **doch** lustig.
Kennst du Martin? Klar, das ist **doch** der Freund von Klaus.

(56) **ja**

Wir haben drei Tage Zeit. Es sind **ja** Ferien. (Natürlich sind Ferien.)
Salzburg ist sehr alt. Das wißt ihr **ja**. (Natürlich wißt ihr das.)

(57) **denn**

Was macht ihr **denn** morgen?
Wo ist **denn** der Klaus?
Wann fahrt ihr **denn** nach Salzburg?
Wie lange dauert **denn** die Fahrt?

(58) **mal**

1.
Schaut **mal** auf den Stadtplan! (Bitte, schaut auf den Stadtplan!)
Kannst du **mal** kommen? (Bitte, komm!)
Warte **mal**, ich komme gleich. (Warte, bitte, …)

2.
Kannst du noch **mal** anrufen? (= einmal)

19 AUFGABEN UND ÜBUNGEN

Ein paar Fragen:

1. Mußt du zu Hause helfen?
   Wie oft? Jeden Tag?
   Einmal oder zweimal in der Woche?
   Was mußt du tun?
   Wer kauft bei euch ein?

2. Habt ihr einen Fernsehapparat? (Im Deutschen kann man auch
   „Fernseher" sagen.)
   Sitzt du oft vor dem Fernseher?
   Wie viele Stunden in der Woche?
   Was siehst du dir an?
   Was siehst du am liebsten?

3. Treibst du Sport?
   Welchen?
   Welchen Sport möchtest du gern treiben?
   Habt ihr Sport in der Schule?
   Was hast du in Sport?

4. Welche Musik hörst du am liebsten?
   Moderne?
   Klassische? (Weißt du, was klassische Musik ist? Zum Beispiel
   Musik von . . . .)

5. Martins Tagebuch

*Heute . . . wir in Salzburg. Wir . . . mit dem Zug gefahren, das . . . nur zwei
Stunden gedauert. Andrea . . . uns das Mozarthaus gezeigt, und dann . . .
wir auf der Festung. Die Stadt . . . sehr schön, sie . . . mir gut gefallen.
Abends . . . wir Schallplatten gehört und . . . über die Schule und . . . .,
Sommerferien gesprochen. Ich . . . gesagt, daß ich für die Schule . . . muß.
Vielleicht . . . ich eine Radtour nach Frankreich.
Schade, . . . unsere Freunde morgen wieder nach Hause fahren . . . . Die
Tage hier bei . . . in München . . . sehr schön.*

6. Gisela macht noch ein Gedicht

München ist eine schöne Stadt,
die mir gut gefallen ... .

Auch Salzburg find' ich wunderschön,
da haben wir sehr viel ... .

Familie Weber ist sehr nett.
Jetzt ist es spät, ich geh' ins ... .

7. Thomas ist wieder in Essen. Sein Freund Christian fragt:

Wie war's denn?
Was habt ihr denn gemacht?
Hast du Schloß Neuschwanstein besichtigt?
Ist das Deutsche Museum wirklich so toll?
Was hat dir denn am besten gefallen?
Wart ihr auch in Salzburg?
Ist das eine interessante Stadt?
Der Martin hat doch eine Schwester, nicht?
Wie heißt die? Ist die nett?

Auf Wiedersehen